최한기 사상에 대한 음미

운화(運化)와 근대

박희병 지음

돌베개

운화와 근대 — 최한기 사상에 대한 음미
박희병 지음

2003년 9월 5일 초판 1쇄 발행
2017년 4월 15일 초판 3쇄 발행

펴낸이 한철희 | 펴낸곳 돌베개 | 등록 1979년 8월 25일 제406-2003-000018호
주소 (10881) 경기도 파주시 회동길 77-20 (문발동)
전화 (031) 955-5020 | 팩스 (031) 955-5050
홈페이지 www.dolbegae.co.kr | 전자우편 book@dolbegae.co.kr

편집장 김혜형 | 책임편집 박숙희
편집 김수영·김현주·김윤정·김아롱
본문 디자인 이은정 | 인쇄 백산인쇄 | 제본 경일제책

ⓒ 박희병, 2003

ISBN 89-7199-165-8 03150

책값은 뒤표지에 있습니다.

이 도서의 국립중앙도서관 출판시도서목록(CIP)은 e-CIP 홈페이지
(http://www.nl.go.kr/cip.php)에서 이용하실 수 있습니다.(CIP제어번호: CIP2003000928)

운화^{運化}와 근대

책머리에

　최한기 사상에 대한 종전의 연구는 주로 그 근대적 성격을 규명하는 데 주안을 두어 왔다. 이 경우 '근대적'이란 당연히 '역사적 근대'를 염두에 둔, 더 정확히 말해 역사적 근대에의 합치를 염두에 둔 규정이다. 그러므로 그것은 의식적이든 무의식적이든 가치를 전제하고 있을 뿐 아니라 사고와 판단의 잣대가 된다.

　오늘날의 입장에서 볼 때 그간 진행되어 온 역사적 근대를 무시하는 것은 있을 수 없는 일이다. 그것이 갖는 문제는 문제대로 철저히 인식하지 않으면 안되지만 그와 동시에 리얼리즘의 정신으로 그 경과를 읽어 나가는 태도 역시 긴요하다. 적어도 이런 점에서는 최한기 사상과 역사적 근대의 관련을 따지고 음미하는 일은 필요하고도 적절한 일이 아닌가 생각된다. 그러나 이 점을 인정한다고 해서 오로지 역사적 근대를 기준으로 삼아 최한기의 사상을 평가하는 태도가 정당화될 수는 없다. 이런 태도로 최한기 사상에 접근할 경우 우리는 최한기 사상의 어떤 측면은 역사적 근대에 합격인 데 반해 다른 어떤 측면은 역사적 근대에 미달한다는 식의 결론에 이를 수밖에 없다. 이런 연구가 완전히 쓸데없는 연구라고는 결코 말할 수 없겠지만, 그럼에도 이런 연구방법은 최한기 사상의 총체적 면모, 그 온전한 실상을 파악하는 데 그리 유용한 방법이라고는 말하기 어렵다. 왜냐하면 이런 연구는 그 방법적 제약으로 말미암아 역사적 근대라는 기준으로는 포착되지 않는 어떤 의미 있는 사상소(思想素)들을 다 놓쳐 버리고 말기 때문이다. 그뿐만이 아니다. 이런 연구는 역사적 근대에 접근해 가는 최한기 사상의 계기들 자체에 대해서도 대체로 일면적이거나 평면적인 파악에 그쳐 버린다는 점에서 또한 문제다. 왜 일면적인가? 근대성의 계기가 갖는 의의만 현상적으로 확인하고 있을 뿐 그런 의의와 모순적 통일을 이루고 있는 제반 문제점에 대해서는 검토하려 들지 않기 때문이다. 이런 점을 반성한다면 지금부터의 최한기 연구는 '근대확인적' 관점이 아니라 '근대성찰적' 관점에서 전개될 필요가 있다. 근대성찰적 관점은 역사적 근대를 직시하면서도 그 문제점을 동시에 읽고자 하며, 더 나아가 역사적 근대와는 다른 근대기획=근대구상의 가능성을 열어 둔다는 점에서 근대확인적 관점과 구별된다. 이 점에서 근대성찰적 관점은 단순히 근대의 '추인'에 그치지 않고 근대의 '극복'을 향한 모색에도 일정하게 기여할 수 있지 않을까 생각한다.

    본서는 이런 방법적 고민을 밑에 한 채, 21세기의 우리가 최한기 사상에서 배울 점은 무엇인가, 최한기의 사상에서 지금도 유의미하고 현실적인 부분은 어떤 것인가, 21

세기 한국의 사상적·실천적 진로 모색에 있어 최한기 사상에서 얻을 수 있는 교훈은 무엇인가, 이런 몇 가지 물음에 대해 약간의 답을 찾아보고자 했다.

불승(佛僧)의 말 가운데 "네 콧구멍으로 숨을 쉬라!"는 말이 있다. 이 말투를 흉내낸다면, 나는 이 책에서 남의 혀가 아닌, 내 혀로 말하고 싶었다. 그렇기는 하나 자기 혀로 말한다는 건 얼마나 어려운 일인가. 그러므로 사람들은 흔히 의심스러운 외적 권위에 의존하면서도 우쭐대는 모습을 보이곤 하는 것이다. 하지만 호가호위적(狐假虎威的) 글쓰기는 이른바 본지풍광(本地風光)과는 거리가 멀 뿐더러 진실되지도 못하다.

또 하나, 이 책을 집필하면서 내가 고민한 점은, 어떻게 하면 '해석'이, 왜곡이 아닌 채로 '창조적 전망'으로 사뿐히 넘어갈 수 있을 것인가 하는 점이었다. 오늘날 한국학의 상황을 보면, '해석'은 다만 해석으로 그치든가 아니면 자의적 왜곡을 보이든가, 이 두 가지 극단적 현상이 두드러진다. 전자는 자료에 대한 충실성을 강조하나 기실 문제의식의 부족으로 인해 해석 그 자체도 부실한 경우가 적지 않으며, 후자는 대개 기초적 소양과 훈련의 부족으로 엄밀성이 떨어지고 이를 현란한 수사나 공허한 논리, 과대포장 등으로 가리려는 경향이 있다. 이 두 가지 모두 한국학의 인문학적 미래를 어둡게 하는 것으로 나는 생각한다. 나는 이 책이 이 둘 가운데 어디에도 속하지 않기를 희망한다.

하지만, 설사 능란하지는 않으나 떠듬떠듬 자기 혀로 말하고 있다 할지라도, 그리고 해석과 창조가 그런대로 결합되어 다행히 작위(作爲)도 아니고 무작위(無作爲)도 아닌 그런 면모를 보인다 할지라도, 그것으로 충분한 것은 아니다. 정말 중요한 것은, 현실과 사유가 얼마나 치열한 긴장 속에서 서로 대결하고 있는가의 여부가 아닐까? 이 점에 의해서만 학문은, 그리고 모든 지적 작업은, 참된 의미에 있어서 진지함과 깊이를 가지면서 그 본래면목(本來面目)을 보여줄 수 있는 게 아닐까? 그러므로 나는 학문의 어려움, 글쓰기의 어려움을 다시 생각하게 된다.

모든 사상이 다 그렇겠지만 최한기의 사상에도 장점이 있는가 하면 문제점이 있다. 나는 이 책에서 내가 할 수 있는 한 끈질기게 최한기 사상의 문제점을 파헤치며 그것을 비판하고자 노력했다. 그것은 한갓 비판을 위한 비판은 아니다. 나는 비판을 통해 무언가 중요한 것을 우리가 배울 수 있을 뿐만 아니라, 비판을 통해서만 비로소 최한기 사상의 장점이 정당하게 음미될 수 있다고 믿었다. 최한기의 사유는 장점과 문제점이 함께 표리를 이루고 있는 경우가 많기 때문이다. 비판에도 불구하고, 혹은 비판에 끝까지 견뎌내면서, 현실적으로 의미를 잃지 않는 사상소(思想素)들이 무엇인지를 음미하는 일은 오늘날의 우리가 최한기를 미래지향적으로 읽는 데 특히 중요하다고 생각된다.

나는 이 책의 구상단계에서 책의 형식을 놓고 여러 가지 생각을 했었다. 문답형식으로 최한기와 대화하는 방식으로 글을 쓸까 생각하기도 하고, 최한기가 한 것처럼 짤막짤막한 표제들이 연속되는 방식으로 글을 써볼까 생각하기도 했다. 하지만 막상 집필하기 시작하면서 다른 가능성들은 배제되고 지금과 같은 형태로 되었다. 이 형식은, 물론 그것이 갖는 단점도 스스로 의식되지 않은 것은 아니나, 그래도 비교적 자유롭게 내 생각을 담을 수 있다는 이점(利點)이 있다. 독특한 글쓰기를 통해 자신의 사상을 종횡무진 펼쳐 간 최한기와 같은 사상가를 음미하기 위해서는 뭔가 그에 걸맞은 글쓰기 형식이 필요할 터이다. 내가 선택한 이 형식이 꼭 그런 것인지는 자신할 수 없지만, 어쨌든 이런 고민이 반영되어 있다는 점만큼은 분명하다.

 이제 이 책이 출간됨으로써 나의 오랜 숙제 하나를 푼 셈이다. 최한기와의 대면은 이즈음 나의 유일한 즐거움이었다. 그러나 지금 출간을 앞두고 다시 원고를 읽어보니 내 글에 대한 불만이 돌무더기처럼 심중에 쌓인다. 그렇기는 하나 공부를 1, 2년 할 것도 아니고 앞으로 수십 년은 더 해야 한다는 생각으로 스스로를 위로한다.

 몸이 아픈 중에도 조언을 아끼지 않은 나의 처에게 감사한다. 사실 이 책의 곳곳에는 내 처의 생각이 묻어 있고, 나는 이 점을 언제나 기억하고 싶다.

2003년 3월 18일

차례

책머리에 • 5

문제와 방법

왜 최한기인가 • 13
기존 연구의 문제점 • 17
이 책의 접근법 • 20
최한기의 기본 개념어에 대한 예비적 확인 • 27

다섯 가지 주제를 통한 최한기 사상의 음미

서양을 보는 눈 • 30
세계주의 • 55
자연과 인위―최한기의 정치학과 그 생태주의적 음미 • 70
평화주의 • 94
학문의 통일 • 102

논의의 심화와 확대

이욕(利欲)의 긍정과 그 한계―사적(私的) 자율성의 문제 • 114
문예의 폄하 • 117
사민평등의 문제 • 118
'공치'(共治)의 의의와 한계 • 122
학문정치 • 123
운화(運化)의 절대화 • 124

경험론/관념론 • 126
자족적 체계 • 127
국민, 국민국가 • 128
성인(聖人)의 상대화 • 129
고(古)와 금(今)―금(今)의 사상 • 133
글쓰기의 특징 • 134
근대와 베끼기 • 142
최한기와 후쿠자와 유키치(福澤諭吉) • 144
중체서용론/문명개화론/동도서기론 • 149
동서도기취사론(東西道器取捨論) • 152
최한기와 강유위(康有爲) • 155
최한기와 홍대용―겸손한 주체 개념 • 174
강화도 조약에 대한 최한기의 입장 • 177
최한기 사상과 개화사상의 상위점 • 179
저항적 주체 • 182
개화기 공간과 최한기 사상의 운명 • 183
글을 끝내며 • 184

주 • 191
찾아보기 • 225
덧붙이는 말 • 241

※ 본문에는 항목별 소제목을 두지 않았으나,
독자의 편의를 위해 주요내용을 중심으로 '차례'를 구성하였다.

1 지금부터 나는 최한기에 대한 나의 사유행위를 시작한다.

이 책은 특별한 형식 없이 자유롭게 생각을 펼쳐 나가는 방식으로 쓰기로 한다. 특별한 형식이 없다는 말이 글을 아무렇게나 써도 좋다는 말은 아니다. 형식이 없을 경우 글쓰기는 더욱 어려워질 수도 있다. 하지만 사유가 형식을 구속으로 느낄 경우 굳이 형식을 고집할 이유는 없을 것이다.

2 내가 최한기를 처음 만난 것은 대학원 석사과정 시절인 1980년께다. 당시 민족문화추진회에서 최한기의 주요저작 가운데 하나인 『기측체의』(氣測體義)를 번역출간한 바 있는데[1] 나는 그때 이 책 제목이 하도 이상해 무슨 내용인지 알아보고 싶어 책을 구입했었다. 하지만 완독은 하지 못했으며 그 첫째 권만 읽는 데 그쳤다. 특이한 사상가라는 인상을 받았다.

그후 1995년 진단학회에서 주최한 최한기에 대한 심포지엄[2]에서 나는 조동일 교수의 발표에 대한 질의토론을 맡게 되었는데 이 일로 최한기의 저작들을 꽤 면밀히 검토할 기회를 가질 수 있었다. 최한기 연구자들이 대개 그렇지만 당시 조동일 교수의 발표 역시 최한기에 대한 찬미 일변도의 논지였고, 나는 이러한 논지에 적잖은 의구심을 품었었다. 당시 나의 긴 질문 가운데에는 이런 구절이 포함되어 있다.

　오늘 발표도 대체로 그런 것 같습니다만, 최한기에 대한 지금까지의 연구는 최한기가 얼마나 근대적인 데 다가서 있는가, 그의 사상이 중세적 테두리를 넘어서서 내발적(內發的)으로 얼마나 근대사상에 도달하였는가, 주로 이 점을 확인하는 데 주안을 두지 않았나 생각합니다. 한국사 연구가 자본주의의 맹아를 찾기 위해 한동안 굉장히 고심을 한 적이 있지만, 최한기에서 근대사상에로의 내발적 진입을 확인하고자 한 그간의 사상사 연구의 경향은 한국사 연구의 그러한 문제의식과 궤를 같이하는 것이 아닐까 생각합니다. 사실 최한기의 철학은 경험적·실증적인 면을 강조하고 있으며, 전체적으로 자신감과 낙관주의를 보여주고 있습니다. 이는 서구의 근대적 세계관이 보여주는 지향과 상통하는 면모라고 보입니다. 그런데 이 대목에서 하나 문제를 제기하고 싶은 것은, 인간 의식의 초월성 같은 것을 우리가 철학이나 학문에서 인정한다고 한다면 최한기 사상이 지닌 많은 장점과 의미에도 불구하고 그 사상은 또한 간과할 수 없는 한계를 가지고 있지 않은가 하는 점입니다. 다시 말해서 직관적인 인식, 직관적인 사유에 대한 고려—이것은 비단 철학만이 아니라 문학과 예술에서도 대단히 중요하다고 생각됩니다만—가 결여되어 있거나 부정되고 있는 것이 큰 한계라고 여겨집니다. 합리적이거나 경험적이거나 실증적인 사유만이 아니라, 직관적 사유와 인식능력 역시 인간의 정신능력에서 간과할 수 없는 중요성을 지닌다고 생각합니다. 그러나 최한기의 철학에는 전체적으로 이에 대한 고려나 성찰이 빈약한 것이 아닌가, 그래서 최한기의 철학을 오늘날 혹은 미래의 철학적 모색을 위해 활용하고자 한다면 이런 점을 충분히 고려하면서 활용해야 되지 않을까 생각합니다. 이 점에서 최한기의 철학에 지나치게 많은 기대를 걸거나 너무 좋은 방향으로만 평가하는 태도는 위험한 것이 아닐까 생각되기도 합니다. 근대적 글쓰기라는 측면에서 본다면야 최한기의 사상에서 우리는 많은 것을 끌어낼 수 있을 터이지만, 근대의 극복, 근대를 넘어선 글쓰기를 염두에 둔다면 문제는 그리 간단치 않은 것 같습니다.[3]

당시 내가 제기한 이런 의문들이 모두 다 정당한 것은 아니라 할지라도 그 중 일부분은, 그리고 그 문제제기의 방식은, 지금도 여전히 유효한 것이 아닌가 생각한다.

최한기에 대해 다시 골똘히 생각하게 된 것은 재작년 일본에 가 도쿄대학 객원교수로 1년간 있으면서다. 나는 이때 주로 일본 사상사 관계 책들을 보면서 소일했고, 이 때문에 모처럼 집중적으로 동아시아 사상의 상호연관과 차이점에 대해 이런저런 생각을 하는 기회를 가질 수 있었다. 당시 나는 중국에도 일본에도 없는 조선 특유의 사상, 조선 특유의 사상적 모색은 과연 없는가 하는 물음에 강하게 사로잡혀 있었고, 그 결과 홍대용·정약용·최한기 세 사람을 주목하게 되었다. 나는 이 세 사람 중에서도 특히 최한기가 조선의 전통적 학문방법론을 전복시키고 있다는 점에서 가장 파격적이고 독특하다고 생각하게 되었다.

    뿐만 아니라 최한기의 사상에는 오늘날 우리가 고민하는 여러 문제들, 이를테면 서양을 보는 눈의 문제, 주체성의 문제, 특수성과 보편성의 문제, 세계화 내지 세계주의의 문제, 근대와 근대극복(혹은 탈근대)의 문제, 리얼리즘과 아이디얼리즘의 문제, 유기체론과 기계론의 문제, 지배와 평화의 문제, 갈등과 대동(大同)의 문제, 자연과 문명의 문제, 실용주의와 인문적 가치의 문제 등등이 실타래처럼 얽혀 있다. 최한기의 사상에 내재해 있는 이들 의제들은 21세기에 살고 있는 우리들에게도 여전히 중요한 의미를 갖고 있으며, 이 점에서 최한기의 시대는 우리의 시대와 이어져 있다. 나는 이런 생각을 하면서, 최한기에 대한 검토는 최한기에 대한 검토 그 자체로 끝나는 것이 아니라, 최한기를 평가하고 이해하는 우리 자신의 의식, 태도, 관점이 문제로 되며, 오히려 이 점이야말로 본질적인 사안임을 깨닫게 되었다. 바로 이 점에서 최한기에 대한 음미는 궁극적으로 21세기 한국의 진로 설정―이는 곧 우리가 어떤 삶을 선택하고 결단해야 할 것인가 하는 물음과 직결되지만―과 관련된 문제이기도 한 것이다. 이런 이유에서 나는 장차 어떤 형식으로든 최한기와 일대일로 대면하여 대화해 보고 싶다는 강한 충동을 느꼈다.

작년 봄 일본에서 돌아오자 성균관대학교 대동문화연구원 원장으로 계시는 임형택 교수께서, 대동문화연구원에서 최한기의 저술모음집인 『명남루총서』(明南樓叢書, 최한기는 혜강이라는 호 외에 명남루라는 호를 사용했다)의 증보판[4]을 낼 예정인바 그 출판기념을 겸해 올가을에 '21세기와 실학'이라는 주제로 학술발표회를 열려고 하니[5] 최한기에 대해서든 다른 누구에 대해서든 발표를 하나 맡아 달라고 부탁하셨다. 나는 최한기에 대해 해보겠다고 하였다. 최한기는 내가 언젠가는 한번 대화해야 할 상대라고 진작 생각하고 있던 차였기에 나는 하던 일을 일단 제쳐 놓고 최한기 연구에 몰두하였다.

3 남한학계에서 최한기에 대해 처음 연구한 사람은 서울대 철학과 교수로 있던 고 박종홍 씨다. 씨는 1965년에 「최한기의 경험주의」[6]라는 논문을 발표했는데, 이후 이 논문은 최한기 연구의 중요한 지침 노릇을 해왔다. 1970년대와 8, 90년대를 거쳐 지금에 이르기까지 여러 사람들이 최한기에 대한 논문을 쓰고 저술을 간행했다.[7] 이러한 연구성과의 축적을 통해 최한기의 이런저

런 면모들이 좀더 밝혀지게 된 것은 사실이다. 그렇기는 하지만, 대체로 지금까지의 연구는 그 시각, 문제의식, 방법의 측면에서 중대한 결함을 안고 있다고 나는 생각한다. 그런데 이런 결함의 근원을 소급해 올라가면 그 첫 자리에 박종홍 씨가 있음을 발견하게 된다. 그렇다면 그 결함이란 무엇인가?

그것은 한마디로 말해 **근대주의의 추인과 정당화**이다. 이 경우 근대주의란 서유럽의 근대기획, 서유럽이 이룩한 근대적 세계상이 모범답안이며 따라서 이를 좇지 않으면 안된다는 태도와 의식을 가리킨다. 그것은 비단 세계관과 역사의식의 문제만이 아니라 가치관과 삶의 구체적 방식에 대한 선택과 관련된 문제이기도 하다.

최한기에 대한 기왕의 연구는 대부분, 명시적이든 묵시적이든, 이런 근대주의적 전제 내지 목적의식을 지니고 있다. 그리하여 최한기의 사상에서 **근대성**을 확인하는 데 급급하였다. 이 경우 근대성이 서구적 근대를 기준으로 한 근대성임은 말할 나위도 없다. 이런 목적의식 내지 문제의식은 말하자면 하나의 '강박관념'처럼 지금까지의 연구를 긴박(緊縛)해 온 것처럼 보인다. 그런데 이러한 연구기풍은 1960년대 이래의 한국의 근대화 과정과 무관하지 않다. 최한기를 서구철학자와 대비하면서 경험론자로 규정한 박종홍 씨의 상기 논문에서 그 점을 잘 확인할 수 있다. 씨는 최한기에게서 서구적 근대에 접근해 가는 한국의 자생적 근대화론을 찾아내고자 했으며, 이는 당시 박정희 군사정권에 의해 주도된 '근대화=개발독재'에 역사적 확신과 학적 뒷받침을 안겨 준 측면이 있다. 물론 후대의 연구자들이 박종홍 씨처럼 이른바 '조국근대화'를 이론적으로 지원하고자 하는 강한 신념에서 최한기 사상의 근대성 규명에 집착한 것은 아니다. 하지만 연구자 스스로가 의식했든 그렇지 못했든 간에 최한기 사상의 근대성의 탐구라는 관점에서 이루어진 그간의 연구들은 크게 보아 '근대주의'에 함몰되어 있으며, 그것에 의해 견인되고 있는 것만큼은 분명해 보인다.[8]

4 남한학계에서는 박종홍 씨가 최한기 연구의 선편(先鞭)을 잡았지만, 북한학계의 경우 이보다 일찍 연구를 시작한바 이미 1960년대 초에 최한기에 대한 연구성과를 내놓고 있다. 1960년 과학원역사연구소에서 간행한 『조선철학사』 상(上)[9]에 수록된 정성철 씨의 글 「최한기의 유기론(唯氣論)」에서 그 점을 확인할 수 있다. 아마도 박종홍 씨는 북한의 이런 연구성과에 자극을 받아 연구를 시작하지 않았나 짐작된다.

정성철 씨는 이 글에서 최한기가 조선시대 말기에 광범하게 수입된 서구의 자연과학을 토대로 하여 유물론적 유기론 철학을 수립했으며, 여기에는 부르주아 사상의 맹아가 반영되어 있다고 보았다. 요컨대 씨는 최한기 사상이 서유럽에서 이룩된 자연과학을 섭취했다는 것, 유물론이라는 것, 부르주아 사상으로서의 면모를 갖는다는 것, 이 세 가지 점을 지적하고 있는 셈이다. 씨의 이와 같은 관점은 근대주의의 또다른 표현으로서, 맑스(K. Marx)의 유물변증법에 기반을 두고 있다고 할 만하다. 주지하다시피 맑스주의 역시 서구중심적 세계관 위에 서 있으며, 이성과 과학에 대한 맹신, 물적 생산력의 제고(提高)를 정당화하는 입장 위에 있다는 점에서, 비록 자본주의를 비판하고 있음에도 불구하고, 자본주의와 더불어 근대주의의 또다른 현상형태라 이르지 않으면 안된다.

5 잘 알려져 있다시피 최한기는 한역서학서(漢譯西學書) 내지 태서신서(泰西新書: 서양에 관한 중국인의 저술)를 탐독하였다. 최한기의 사상은 이러한 독서경험 위에서 구축되었다. 이 점에서 최한기 사상에 내재된 근대성(혹은 근대지향성)을 논의할 때 서구로부터의 임팩트를 따지는 작업은 일단 불가피하다. 중국에서 전래된 서적을 통해 최한기가 접한 서양의 학술과 과학, 그리고 서양에 대한 각종 지식과 정보는, 그가 자신의 철학체계와 정치학 및 세계구상을 마련해 나가는 데 중요한 아이디어와 시사를 제공했다고 판단되기 때문이다. 이

와 관련해 최한기의 사상이 보여주는 서구—특히 서구근대—에 대한 이해 수준과 수용방식의 '성찰적' 검토가 필요하다. '성찰적'이라고 한 것은, 단순한 실증적 확인이나 일방적 긍정(혹은 미화)을 넘어 사상(事象)의 의의와 문제점을 동시에 요모조모 따져나가야 한다는 점을 염두에 두고 한 말이다. 그러므로 '성찰적'이란 용어에는 당연히 '비판성'이 내포된다. 이런 성찰적 태도를 취할 경우 최한기 사상의 근대성에 대한 검토는 대부분의 선행연구가 보여주듯 최한기의 사상에 어쨌든 이러저러한 근대적 면모가 확인된다는 수준의 지적을 넘어, 그와 같은 근대적 면모가 갖는 의의는 무엇이며 그 결함 내지 한계는 무엇인가, 그리고 만일 중대한 결함이 발견된다고 한다면 그것은 어디서 연유하는가, 서양근대의 본질을 제대로 읽지 못한 탓인가, 아니면 서양을 수용하는 최한기의 사유틀 자체에 어떤 문제가 있는 것인가, 그도 아니면 당대 조선의 존재구속성 때문인가, 이런 물음들이 잇달아 논의의 전면에 부상하게 된다. 이제 나의 이런 논의방식을 기존의 근대주의적 시각의 접근법과 구분하기 위해 **근대성찰적 접근법**이라고 명명하기로 하자.

근대성찰적 견지에서 최한기 사상의 근대성에 접근할 경우 그 논의내용은 근대주의적 시각의 기존 연구와 사뭇 달라지리라 예상된다. 후자가 대체로 평면적 혹은 요소적으로 최한기 사상의 근대적 양상을 확인하는 것이었고 그 결과 종종 최한기 사상의 어떤 면모를 과장하거나 확대해석하는 쪽으로 치닫는 성향을 보이면서 그 사상의 피상적·부조적(浮彫的) 해석으로 귀결되고 있다면, 전자는 최한기 사상의 근대적 계기의 '외관'만이 아니라 그 '이면'과 전체적 맥락을 함께 고려하면서 사상의 깊얕이와 특성을 음미함으로써 최한기 사상의 본래 면모에 좀더 온전히 다가갈 수 있게 할 뿐더러 사상의 내질(內質)에 대한 비판적 숙고(熟考)를 가능하게 한다는 차이가 있다. 요컨대 근대성찰적 접근법은 서구적 근대=역사적 근대가 이룩한 성취와 모순의 두 측면을 **모두** 주목하면서 그 위에서 최한기 사상의 근대성의 이모저모를 검토한다는 점에서, 뒤쫓아가야 할 전범(典範)으로 서구근대를 상정해 놓고서 최한기 사상의 근대적 편린을 확인하고자 하는 근대주의적 시각과는 본질적으로 다르다.

그런데 근대성찰적 접근법은 비단 서구근대와 최한기의 근대성 사이의 복잡한 관계를 따지는 데에만 유효한 것은 아니다. 오히려 그보다 근대에 대한 서구적 기준의 구속을 벗어나, 달리 말해 역사적 근대라는 저 압도적인 패러다임의 제약으로부터 비교적 자유로운 입장에서, 최한기의 사상을 검토할 수 있게 해준다는 점에서 더 큰 의의를 갖는다.

서구에 의해 마련된 근대상(近代像)이 현재의 세계를 지배하고 있다는 점은 부인할 수 없는 사실이다. 그 점에서 서구적 근대는 역사적 근대인 것이다. 또한 이 때문에 우리가 갖고 있는 통념상의 근대는 서구적 근대일 수밖에 없다. 동아시아에 국한해 보더라도 서양근대는 16세기 후반 이래 이 지역에서 문화적 충격을 점증(漸增)시켜 왔다. 가령 1583년 마테오 리치가 중국의 조경(肇慶: 광동성의 지명)에 도착하고 그 이듬해에 『여지산해전도』(輿地山海全圖)를 출판한 일은 이를 상징적으로 보여주는 하나의 사건일 터이다. 이후 중국·한국·일본은, 그 대응속도와 대응방식은 서로 다르다 할지라도 서양을 의식하면서 그에 대한 사상적 대응을 전개해 왔다. 특히 한국의 경우 18세기에서 19세기의 양세기(兩世紀)에 걸쳐 주목되는 사상적 대응이 이루어졌던바, 홍대용·정약용·최한기에 의해 이룩된 사상적 결실이 그것이다. 이 세 사람은 그 사상적 정위(定位)와 문제의식은 각기 다르지만 저마다 서학서(西學書)를 읽고 서양의 임팩트에 대응하면서 나름대로 근대를 예감하고 근대를 모색한 면이 없지 않다. 그런데 문제는 이들이 모색한 '근대'가 앞에서 말한 통념적 근대와 그 지향이나 내질(內質)이 같지 않다는 점이다. 물론 통념적 근대와 상통하거나 통념적 근대에 근접한 사상적 요소도 없지는 않지만, 통념적 근대에서 주류적 혹은 지배적 위치를 점하는 상(像)이나 가치기준과는 본질적으로 다른 지향이 이들의 사상에 내포되어 있거나 이들의 사상을 규정짓고 있다고 여겨진다.

근대주의적 접근법으로는 이런 문제가 인식망(認識網) 속에 제대로 포착되기 어려우며, 설사 인식된다 하더라도 난처한 문젯거리로 남을 공산이 크다. 단지 통념적 근대를 기준으로 삼을 경우 최한기의 사상이 보여주는 이런 면모는 '근대미달'의 측면으로 치부될 수밖에 없고, 따라서 사상의 미숙성으로 간주되기 쉽다. 혹은 전근대적 사유의 잔재나 엉뚱한 생각으로 치부될 수 있다. 물론 최한기의 사유에 중세적 연관이 인정될 수 있으며, 그와 관련해 그 사상의 미숙성이 얼마든지 운위될 수는 있다. 그러나 여기서 문제로 삼고 있는 것은 그런 차원의 문제가 아니다. 문제는, 역사적 근대가 결국 근대와 현대를 지배하는 세계상(世界像)이 되어 버린 점은 인정한다 할지라도, 근대기획=근대구상의 **가능성**만큼은 결코 단일하지 않으며 다양하게 열려 있었다는 사실이다. 그점은 서양이라고 해서 예외는 아니다.

그렇다면 최한기가 동아시아의 전통적 사유틀을 나름대로 갱신하는 한편 서양을 참조하면서 새로운 세계구상을 마련해 갔던 점은 어떻게 설명해야 할 것인가? '대동'(大同)이라는 호혜적이고 평등한 관계로 표상되는 최한기의 세계상은 통념적 근대상=역사적 근대상과는 분명 이질적이지 않은가? 실제 구현된 근대에서 이런 이념이 관철된 적은 없다. 말하자면 그것은 현실에 의해 말소된 이념인 것이다. 하지만 그렇다고 해서 최한기의 이 이념이 '근대적'이지 않다고 어떻게 말할 수 있을 것인가. 적어도 그런 식으로 자신 있게 말하려면

'근대'와 역사적 근대의 합치를 강변하고, 근대구상과 서구적 근대의 사이에는 어떤 회의와 의심도 깃들 수 없다고 강변할 때만 가능하지 않겠는가.

최한기의 사상에서 이런 차원의 복잡한 문제들을 제대로 그리고 깊이 있게 논의하기 위해서는 기존 연구들이 취하고 있는 전제 내지는 접근방법에 대한 반성이 불가피하며, 근대에 대한 성찰적·비판적 접근이 요청된다.

6 어떤 사상도 마찬가지지만 최한기 사상에 대한 평가 역시 그것이 속한 역사적 맥락 속에서 내린 평가와 그것을 역사적 맥락에서 해방시켜 오늘날의 고민과 요청 속에서 내린 평가는 크게 달라질 수밖에 없다. 이 때문에 당시의 역사적 맥락에서는 극히 비현실적이라고 평가될 수밖에 없는 사상내용이라 할지라도 오늘날의 관점에서는 적극적인 의미를 부여하는 쪽으로 평가가 바뀔 수도 있다.

이 두 가지 평가 방식 가운데 어느 하나만을 고집한다거나 어느 하나만을 강조할 이유는 없다고 생각한다. 그렇기는 하지만, 학문으로서 사상사를 연구하는 입장에서는 역시 역사적 맥락에 대한 고려가 우선될 필요가 있을 터이다. 그리고 오늘날의 요청을 고려한 평가는 역사적 맥락에서의 검토를 어떤 식으로든 의식하는 속에서 이루어지는 것이 바람직할 것이다. 이 점에서 두 가지 평가 방식은 일종의 긴장관계에 놓인다. 가령 19세기의 역사적 맥락에서는 대단히 주목되는 사상적 계기라 할지라도 21세기적 요청에서 본다면 별로 주목받을 이유가 없을 뿐 아니라 오히려 비판되거나 수정되어야 할 것처럼 보이는 것도 있을 수 있고, 거꾸로 19세기적 맥락에서는 별로 설득력이 없거나 어리석어 보이기까지 하던 어떤 사상계기가 21세기적 요청 속에서는 새롭게 주목될 수도 있다. 뿐만 아니라 19세기적 맥락에서 확인되는 최한기 사상의 어떤 취약점은 21세기의 우리에게 중요한 반면교사(反面敎師) 노릇을 할 수도 있다. 통념적 근대와는 다른 최한기의 근대구상을 재조명하고 음미하기 위해서는 이처럼 두 가지 평가 방식을 긴장관계 속에 두지 않으면 안된다. 근대성찰적 접근의 길 역시 여기서 열린다.

그러므로 최한기 사상의 21세기적 의의를 논하는 이 글은, 단지 19세기적 맥락에서 의의가 인정되는 어떤 사상계기를 21세기에까지 연장해 강조하거나 대서특필하는 데 관심이 있지 않다. 또한 역사적 근대에 접근해 가는 면모를 보여주는 최한기 사상의 어떤 계기들을 새삼 21세기적 맥락에서 부각시키고자 하는 것도 아니다. 최한기의 사상에 대한 21세기적 음미는 그처럼 단순한 문제 설정으로는 불가능하며, 좀더 복합적이고 다면적인 고려를 요한다고 생각한다. 그리하여 역사주의적 맥락에서 볼 때 꼭 긍정적인 사상계기만이 아니라 부정적인 사상계기에서도 똑같이 어떤 교훈과 시사를 새롭게 발견하고자 하는 문제의식이 이 책의 주제를 관통한다.

7 최한기의 사상에 대한 본격적 음미로 들어가기 위해서는 그 전에 먼저 극히 개략적으로라도 그 사상의 기본윤곽에 대해, 그리고 빈번히 사용되는 특수하면서도 주요한 용어(개념)들에 대해 잠시 일별해 두는 게 필요하다. 하지만 이 책은 최한기에 대한 그 동안의 연구성과를 정리하면서 그 사상의 특징을 개론적으로 설명할 목적으로 집필된 것이 아니므로, 여기서는 최대한 간단히, 이후의 논의를 위해 예비적으로 확인해 두지 않으면 안되는 사항에 대해서만 언급하기로 한다.

최한기는 모든 현상과 존재의 근거, 세계와 우주의 궁극적 실체가 '기'(氣)라고 생각했으며, 이러한 '기'의 자기운동을 **운화**(運化)라는 말로 표현했다. '운화'는 요즘 말로 바꾸면 '운행변화'(運行變化) 정도의 말이 될 터이다. '운화'라는 단어는 최한기가 자신의 사유를 펼쳐 나가는 데 있어 그 가장 중심에 있는 개념이다. 이 개념에는 운동성, 순환성, 유형성(有形性), 물질성, 편재성(遍在性)이 함축되어 있으며, 또한 변화와 진보라는 계기가 내장(內藏)되어 있다.[10]

운화는 크게는 하늘(우주)에서부터 지구, 국가, 사회, 가문, 개인에 이르기까지 관철되지 않는 곳이 없다. 그것은 동식물에도, 무생물에도, 역사에도, 경제에도, 문학과 예술에도, 정치에도, 교육에도, 농사에도, 상업에도, 수공업에도, 기계에도 관철된다. 비단 어떤 대상이나 현상에서만 아니라 대상과 대상의 '사이', 현상과 현상의 '사이'에도 운화는 관철된다. 나아가 지각과 인식행위에 있어서도 운화는 관철된다. 이 점에서 운화는 세계의 존재원리이며, '나'는 그것으로 인해 세계를 인식할 수 있다.

이처럼 최한기는 '운화'를 기의 본질로 이해했던바, 이 때문에 '기'를 흔히 **운화기**(運化氣)라고 일컬었다. 최한기는 **신기**(神氣)라는 말도 애용했는데, 이 말은 '운화기'와 동의어다. 왜 '기'(氣)자 앞에 '신'(神)자를 붙였는가 하면 기의 본질인 '운화'가 워낙 신묘(神妙)하다고 여겼음으로써다.

운화에는 주요한 세 가지 레벨이 있으니 **천지운화**(天地運化), **통민운화**(統民運化), **일신운화**(一身運化)가 그것이다. '천지운화'라는 말은 '일기운화'(一氣運化)나 '대기운화'(大氣運化)라는 말로, '통민운화'라는 말은 '전민운화'(全民運化)나 '인민운화'(人民運化)라는 말로 표현되기도 한다. 이 경우 인민은 일국 단위의 인민만이 아니라 천하지민(天下之民), 곧 세계인민을 지칭할 때도 있다.

천지운화는 우주적·자연적 층위에서 이루어지는 기(氣)의 운행을 가리키는 말이요, 통민운화는 사회적·인민적 층위에서 이루어지는 기의 운행이고, 일신운화는 인간 개체 단위에서 이루어지는 기의 운행이다.[11]

그런데 일신운화는 통민운화에, 통민운화는 천지운화에 복속된다. 이러한 복속은 **승순**(承順)이라는 특별한 용어로 표현된다. '승순'은 받들어 따른다는 뜻이다. 그러므로 일신운화를 알기 위해서는 통민운화를 알아야 하고, 통민운화를 알기 위해서는 천지운화를 알지 않으면 안된다. 그러나 이 세 가지 수준의 운화는 상호 교섭하면서 유기적으로 통일되어 있는바, 이를 표현하는 말이 **천인운화**(天人運化)다. 만일 동심원에 비유한다면 천인운화의 가장 바깥쪽 원이 천지운화이고, 그 가장 안쪽 원이 일신운화이며, 이 둘 사이에 있는 원이 통민운화라고 할 수 있을 터이다.

최한기의 학문적 과제는 바로 이 세 가지 차원의 운화와 그 상호관계를 탐구하고 규명하는 것이었다. 최한기는 이런 과제를 추구하는 자신의 학문에 대해 스스로 **기학**(氣學)이라는 명칭을 부여하였다. 기학은 '천인운화'라는 스케일과 관점을 견지한다는 점에서 천지자연과 사회와 개인을 기의 운행이라는 관점에서 일체적으로 파악하고 유기적으로 이해하려는 학문으로 규정할 수 있다.

이처럼 물아(物我)와 천인(天人)을 두루 통달하고 우주와 천지만물과 인사(人事)의 천변만화(千變萬化)를 꿰뚫고자 한 최한기의 기학은, 오늘날의 관점에서 본다면 자연과학과 사회과학과 인문학을 포괄하면서 그 통일적 원리와 보편적 근거를 모색하고자 한 것으로 이해할 수 있다.

최한기는 바로 이 운화라는 개념을 거점으로 삼아 근대를 모색해 갔던 것이며, 이 점에서 그의 사상행위(思想行爲)는 전래의 동아시아 기철학의 혁신이자 그 최후의 광망(光芒)이었다.

8 최한기는 서양을 어떻게 인식했던가? 최한기 사상의 핵심을 포착함에 있어 이보다 더 중요한 물음은 없다. 그러므로 이 물음을 최한기 사상에 대한 본격적 음미의 맨 처음에 제기하기로 한다.

9 최한기는 근대 이전의 한국 사상가 가운데 서양에 대한 지식이 가장 풍부했으며, 서양에 대해 가장 잘 알았던 인물이다. 한국은 근대 이래 서양을

배워 왔고, 지금도 서양을 배우고 있는 중이다. 이 점에서, 서양에 대한 왕성한 지적 호기심을 지녔던 최한기의 태도는 오늘날의 우리 태도와 직접적으로 연결된다. 적어도 '학서'(學西: 서양 공부하기)라는 면에서 최한기는 근대 한국인의 원조(元祖)쯤 되지 않을까 생각된다.

최한기는 서양을 '양이'(洋夷)로 부르고 있지 않다. 도광(道光) 말기(1840년대)의 중국이나 막말(幕末)의 일본 지식인들이 서양을 여전히 '양이'로 부르고 있었다는 점을 염두에 둔다면 최한기의 이런 면모는 특별한 것이라 할 만하다. 최한기는 『지구전요』(地毬典要)와 『인정』(人政)을 저술할 때 위원(魏源, 1794~1856)의 『해국도지』(海國圖志)를 크게 참조하였다. 『해국도지』에는 '양이'라는 말이 사용되고 있다. 그럼에도 불구하고 최한기는 자신의 저술에서 의식적으로 이 말을 버리고 '서양'이라는 말을 쓰고 있음이 확인된다. 최한기가 서양을 서양으로 인식할 수 있었던 것은 세계를 일통(一統)으로 간주하는 그의 사상=기학(氣學)에서 말미암는다. 기학의 사유체계 속에서 전통적 화이론(華夷論)이 발붙일 곳은 없기 때문이다.

10 최한기는 동서(東西) 간에 습속과 제도의 차이가 있기는 해도 그 인

륜과 정교(政敎)의 대체(大體)는 동일하다고 보았다. 그리하여 인류에 있어서는 오륜(五倫)이 보편적 원리가 되고, 정교에 있어서는 **치안**(治安=治民安民)이 준적(準的)이 된다고 간주하였다.[12] 이러한 생각은 하늘의 대기운화(大氣運化)란 동서의 구분 없이 똑같이 관철된다는 그의 기학적(氣學的) 사고에서 유래한다. 뿐만 아니라 대기운화라는 궁극적 기준에서 볼 때 이 세계의 인민은 결국 같은 것이자 하나이며, 이 점에서 '사해동포'와 '대동'(大同)이 중시된다.

이런 입장에서 최한기는 서양의 과학기술만이 아니라 그 법제(法制) 가운데서도 우수한 것은 배우지 않으면 안된다고 보았다.[13] 하지만 최한기가 꼭 동(東)이 서(西)를 배워야 한다고만 한 것은 아니다. 서(西)도 동(東)에서 배울 점이 있다고 했다.[14] 최한기는 궁극적으로 동서의 좋은 점을 취하여 통민운화(統民運化)를 삼아야 하며, 이것이 대기운화에 승순(承順)하는 일이라고 했다. 가령 동서의 경전(經典)을 예로 들면서 이것들을 잘 취사(取捨)하여 천하에 통용되는 도(道)로 삼아야 한다고 한 것 역시 바로 그런 의미였다.[15]

이 점에서 서양에 대한 최한기의 태도는, 지금껏 연구자들이 최한기의 입장을 가리키기 위해 사용해 온 '동도서기론'(東道西器論)이라는 용어로 잘 포괄되지 않는 측면이 있다.[16] 최한기의 태도는 오히려 '동서취사론'(東西取捨論)과 같은 새로운 용어로 표현되어야 할 성질의 것이 아닌가 생각된다. 이 경우 '동서취사론'은 적어도 동서의 상호주체성을 인정한다는 점에서 동도서기론과는 성격을 달리한다.

11 최한기의 기학에 의하면 **신(神)은 곧 기**다.[17] 기 밖에 신이 따로 있는 것이 아니며, 기의 신묘한 작용과 공능(功能)이 바로 신이다. 그러므로 기학은 크리스트교의 신을 일종의 허구로 간주한다. 이처럼 최한기는 크리스트교를 허구로 간주하여 수용하지 않았지만 서양의 학술과 과학기술, 정교, 법제 등에 대해서는 적극적으로 수용하거나 깊은 관심을 보였다. 특히 서양의 자연과학이 이룩한 성과 및 그 실제적 결과물인 각종 기기(器機)에 대하여는 커다란 신뢰감을 표시했으니, 이는 기학에 대한 유력한 증험이 된다고 본 때문이다.

요컨대 최한기가 서양에 대해 심정적으로든 실제적으로든 강한 경사를 보인 건 그 자신의 고유한 학문체계이자 사유체계인 기학에 연유한다.

12 최한기는 서양 각국이 유럽 이외의 여러 지역에 시가지를 건설하고 군대를 주둔시키고 있다는 것, 병선(兵船)의 대포로 다른 지역을 유린하면서 그

인민을 해치고 있다는 것을 익히 알고 있었다. 하지만 최한기는 그러한 사태에 대해 한편으로 우려는 하면서도 그것은 교통(交通)하는 초기에 나타나는 현상으로서 미구(未久)에 없어질 것이라는 극히 낙관적인 전망을 내놓고 있었다.[18] 최한기는 동서 간의 교역에서 이해가 상반되는 부분이 있을 수 있기는 하지만 그럼에도 상품의 유통과 견문의 주고받음으로 대기운화가 더욱 밝혀지고 통민운화가 진전되어 세계가 대동(大同)으로 귀일하리라 보았던 것이다.[19] 그리하여 최한기는 "각국이 화호(和好)와 빙문(聘問)을 맺어 침해하지 않고 각각 분수를 지킬 것"[20]을 기대하였다.

13 대부분의 선행연구가 강조하고 있듯 서양에 대한 최한기의 이런 태도는 조선의 고루한 폐쇄성을 벗어나 그 문호를 개방함으로써 세계의 추세에 적극적으로 동참해야 한다는 주장으로 이어진다는 점에서 선진적이며, 개화사상의 선구라 평가될 수 있을 것이다. 그렇기는 하지만 여기서 생각이 멈추어 버린다면 곤란하다. 오히려 여기서**부터** 생각다운 생각이 시작되어야 한다.

우선 심각하게 고려하지 않으면 안될 점은, 서양에 대한 최한기의 이런 많은 선진적인 태도에도 불구하고 거기에는 하나의 치명적인 약점이 내재해 있다는 사실이다. 그것은 곧 서양을 얼마나 냉철히 현실적으로 파악하고 있는가 하는 문제와 관련된다.

단도직입적으로 말한다면 최한기가 당대의 서양을 읽은 수준은 나이브하기 짝이 없다. 그가 서양근대사회를 지배하던 자본제적 운용원리의 세계사적 의미를 통찰하지 못한 점은 그렇다손치더라도 식민지를 확보하기 위해 서양 각국이 벌인 각축의 정치경제적·민족적 의미관련을 통 성찰하지 못했다는 것은 아주 부자연스럽고 이상한 일로 여겨진다. 더구나 최한기의 서양근대 이해에 가장 중요한 원천이 되었던 『해국도지』는 그 권1과 권2에 「주해편」(籌海篇)을, 권77·78·79·80에 「주해총론」(籌海總論)을 싣고 있는 데서 알 수 있듯 서양의 침략에 대응하여 국가를 어떻게 지킬 것인가 하는 데 그 관심을 집중시키고 있으며 이 때문에 서양 전함과 대포 등의 무기 제작에 대해서도 상당한 지면을 할애하고 있을 뿐 아니라, 책의 도처에 서양 각국이 세계를 식민지화해 온 과정, 그리고 식민지 확보를 둘러싸고 전개된 서양 각국 간의 치열한 각축양상을 언급해 놓고 있음에도 최한기가 이를 주목하지 않은 것은 잘 납득되지 않는 점이다. 위원(魏源)이 아편전쟁 이후 이루 말할 수 없는 위기의식에 사로잡혀 이 책을 편찬한 데 반해, 최한기가 서양을 기술하는 태도에서는 도대체 그런 위기의식이 감지되지 않는다.[21]

14 만일 우리가 시각을 좀더 확대해 일본 쪽의 사정까지 염두에 둔다면 최한기가 보여주는 이런 인식태도가 얼마나 특이한 것인지 더욱 잘 드러난다. 일본의 경우 이미 18세기 후반부터 러시아의 위협에 대응하여 이른바 해방론(海防論)이 강하게 제기되기 시작한바, 가령 1786년에 간행된 하야시 시헤이(林子平, 1738~1793)의 『해국병담』(海國兵談) 같은 책이 그 일례다. 하야시는 총기(銃器)의 개선, 군함제조, 해군건설, 포대축조(砲臺築造) 등 해방(海防)의 구체적 방략을 제시한 바 있으며, 이와 함께 일본을 방어하기 위한 필요에서 조선에 대한 군사상의 관심을 표시하였다. 일본 지식인의 서양에 대한 위기의식은 19세기에 들어와 더욱 심해지며, 아편전쟁 직후에는 일대 충격에 휩싸였다고 할 정도로 위기의식이 고조되면서 향후 일본의 진로에 대한 활발한 모색이 전개된다.

다음은 19세기 전반 서양 세력의 동아시아 진출에 대한 일본 지식인의 대응방식을 보여주는 두 사례다.

(1) 일본은 지상에 최초로 성립된 나라로서 세계만국의 근본이다. 따라서 그 근본을 다스릴 때 전 세계 모두를 군현(郡縣)으로 삼아야 하고, 만국(萬國)의 군장(君長) 모두를 신복(臣僕)으로 삼아야 한다. (…) 세계만국의 백성을 편안히 함은 처음부터 황국

(皇國)의 주인된 자의 요무(要務)라는 걸 알 수 있다.

(…) 달단(韃靼: 연해주와 송화강 일대의 여진족)을 점령하면 성경(盛京: 瀋陽을 가리킴) 또한 그 형세가 위태롭게 되어 실로 중국 전체가 진동할 것이다. 그러므로 황국이 만주(滿洲)를 정벌한다면, 만주를 빨리 얻을지 늦게 얻을지는 알 수 없다 할지라도, 종내 만주가 황국의 소유로 됨은 필지의 사실로서 의심할 바 없다. 다만 만주를 얻게 될 뿐만이 아니라 중국 전체의 쇠미도 또한 이로부터 시작되리니, 이미 달단을 손에 넣고 나서는 조선과 중국도 차례로 도모해야 하거늘 (…)[22]

― 「혼동대론」(混同大論), 『혼동비책』(混同秘策)

(2) 해가 오르지 않으면 기울고, 달이 차지 않으면 이지러지며, 나라가 융성하지 않으면 쇠망한다. 그러므로 나라를 잘 보존하는 길은 단지 그 가진 것을 잃지 않는 것만으로는 안되고 또한 그 없는 것을 있게 해 늘려 가야 한다.

지금 급히 군비(軍備)를 닦고, 전함(戰艦)을 갖추고, 대포를 충분히 하여, 의당 홋카이도를 개간하여 제후(諸侯)를 세우고, 그 틈을 타 캄차카와 오호츠크를 빼앗고, 유구(琉球)에 유시(諭示)하여 조근회동(朝覲會同: 제후가 천자를 알현함)하기를 내제후(內諸侯)와 나란히 하게 하고, 조선을 꾸짖어 폐백(幣帛)을 바치고 조공(朝貢)을 받드는 걸 옛날의 한창 때와 같이 하게 하고, 북쪽으로는 만주 땅을 점거하고 남쪽으로는 대만·

필리핀의 여러 섬을 거두어, 차츰 진취(進取)의 세(勢)를 보여야 한다.

그런 연후에 백성을 사랑하고 무사(武士)를 길러 삼가 변방을 지키면, 나라를 잘 보존한다고 이를 만하다. 그렇지 않고, 뭇 오랑캐가 모여 싸우고 있는데 가만히 앉아 수수방관만 한다면 나라가 망하지 않을 리 있겠는가?[23]

― 『유수록』(幽囚錄), 『요시다 쇼인 전집』(吉田松陰全集)

(1)은 사토 노부히로(佐藤信淵, 1769~1850)가 1823년에 쓴 『혼동비책』(混同秘策)의 총론에 해당하는 「혼동대론」(混同大論)의 한 구절이다. 만주를 정벌한 후 조선과 중국 전토를 장악해야 하며, 나아가 일본 천황이 전 세계를 다스려야 한다는 주장이다. 사토는 아울러 조선 침공의 구체적인 군사적 마스터 플랜까지 이 책에 자세히 제시해 놓고 있다.

(2)는 막말(幕末)의 개명적 지사(志士)로 칭송받는 요시다 쇼인(吉田松陰, 1830~1859)이 쓴 『유수록』(幽囚錄)에 나오는 말인데,[24] 일본을 지키기 위해 주변 국가를 침략해야 한다는 주장이다. 인용문 중 "뭇 오랑캐"는 서구열강과 러시아를 가리킨다.

일본은 이후 백수십여 년 뒤 태평양전쟁에서 패전할 때까지 대체로 이 두 인물의 구상을 실현해 가는 과정을 밟았다. 울트라 침략주의라고 해야 할 이 두 인물의 섬뜩한 주장은 기실 서양의 동아시아 진출에 따른 위기의식의 왜곡된 표출이었다.

15 물론 최한기가 『인정』에서 인재등용의 문제를 중심으로 제시한 정치개혁의 방략은 당시의 조선사회가 안고 있던 심각한 모순에 대처하면서 나라 밖의 동향에 적극적으로 대응한다는 의미를 갖고 있고, 적어도 그 점에서는 위기의식의 산물로 해석될 수 있다. 그러나 그런 점을 인정한다고 하더라도 서양에 대한 최한기의 인식이 극히 나이브한 것이었다는 사실이 크게 달라지지는 않는다. 최한기의 이런 면모는 그 사상의 '리얼리티'를 제약하는 결정적 요인이 된다. 그렇다면 일견 기이해 보이기조차 하는 서양에 대한 이런 인식의 나이브떼(naïveté)는 대체 어디서 연유하는 것일까?

이 물음에 대한 답은 일차적으로 최한기가 창안한 기학의 논리구조에서 찾아야 하리라 본다. 주지하다시피 최한기의 기학은 대기운화, 통민운화, 일신운화라는 세 가지 운화의 일통적(一統的) 체계와 원리를 강조하는 교학체계다. 최한기는 이 체계와 원리 속에 우주 및 세계가 모두 포괄됨을 확신했고, 이 점에서 그것은 극도로 보편성을 강조하는 사상이었다. 뿐만 아니라 최한기는 이런 자기 교설(敎說)의 체계와 원리, 그것이 추구하는 보편성에 대한 지향의 정당성을 확인하는 데 일생 동안 엄청난 노력을 경주하였다. 극단적으로 말한다면 최한기 사상의 모든 **디테일**은 어쨌든 자신의 **체계**를 정당화하는 것으로 귀결되며, 또한 모든 논의의 출발점에는 체계에 대한 강한 자의식이 전제된다. 학문이 체계를 지향하는 것은 불가피한 일이다. 하지만 최한기가 보여주는 체계에 대한 지나칠 정도의 강한 집착과 자부, 그리고 그 간단없는 자기정당화는 종종 현실에 대한 성찰과 깊은 사유를 가로막는 부작용을 초래하고 있다고 판단된다. 말하자면 총론에 대한 끊임없는 강조와 확인이 각론과 디테일의 부실을 낳고 있는 셈이다.

　서양에 대한 인식도 마찬가지다. 최한기에게 있어 서양은 기학이라는 체계를 **뒷받침**함과 동시에 기학이라는 체계를 **구성**하는 하나의 주요한 계기다. 서양은 기본적으로 그런 체계 속에서 파악되고 인식된다. 따라서 그런 틀 속에 들어오지 않는―혹은 들어올 리 없는―현실의 어떤 구체적 면모들과 추향(趨向)들은 그 중대성에도 불구하고 포착되지 못하거나 홀시되어 버리는 결과가 초래된다. 이처럼 최한기가 단순히 동서의 보편성에 대한 승인과 학서(學西)의 입장을 넘어 서양에 대해 현실적·비판적 사유를 제대로 펼쳐 나가지 못한 것은 그 사상의 틀과 깊은 관련이 있다.

16   최한기가 서양을 안이하고 낙관적으로 인식하게 된 데에는 그 사상의 체계 내지 기본틀에 대한 과도한 집착만이 아니라 그 사상내적(思想內的) 계기도 당연히 관련되어 있다고 판단된다.

먼저 최한기가 수행한 **두 가지 소거**가 지적될 수 있다. 그 하나는 무형지리(無形之理), 즉 무형의 리(理)의 소거다. 최한기는 원리적으로 기(氣)만을 실체로 인정했으며, '무형의 리'를 인정하지 않았다. '리'는 궁극적이자 유일한 실체인 '기'에 내재하는 이치에 불과하며 따라서 '기'가 유형(有形)인 한 '기'에 부수되는 '리' 역시 유형이라는 것이 최한기의 생각이었다.[25] 그러므로 최한기는 주자성리학에서 말하는 '무형의 리'란 허망한 것인바, 궁구할 수 없는 무형에 대해 궁구하려 해서는 안되고 그 바로 앞에서 물음과 탐구를 중지해야 한다고 했다.[26] 일견 이런 태도는 현실적이고, 실제적이며, 사변성을 벗어난 것으로 보일 수 있다. 그러나 그렇게만 생각하기 어렵다. 무형의 리에 대한 부정은 주자학적 공소성(空疎性), 주자학적 사변성의 부정만이 아니라 동시에 사물과 현실과 세계의 **이치**에 대한 비판과 회의, 끝없는 물음에 대한 가능성까지 함께 닫아 버리는 결과를 낳고 있다고 판단되기 때문이다.[27] 최한기의 사유에 또다른 사변성—이 사변성은 현실성의 부족 내지 결여와 결부된다—이 깊게 자리하게 된 것도 이와 무관하지 않다. 또한 최한기의 사유에 깊이가 부족한 것, 그리고 현상 너머를 사유하고자 하는 집요함 같은 것이 없는 것도 이 점과 무관하지 않다고 여겨진다.

요컨대 무형의 리의 소거는 최한기 사상에 있어 깊은 사유력 및 현실성을 떨어뜨리는 결과를 초래하고 있으며, 바로 이 점이 서양에 대한 인식 태도에서도 확인되는 게 아닌가 생각된다.

다른 하나는 음양오행의 소거다. 최한기가 음양오행을 부정한 것은 잘 알려져 있는 사실이며, 대부분의 연구자들은 최한기가 이로써 좀더 과학적이고 실증적인 사유로 나아간 것으로 평가하고 있다. 이 점이야 어쨌건, 최한기가 음양오행을 폐기해 버린 것은 그 사유의 경향성 전반에 중대한 영향을 미치고 있다는 점을 주목하지 않으면 안된다. 최한기가 음양오행을 폐기했을 때 그것은 단지 실체로서의 음양오행만이 아니라 개념과 원리로서의 음양오행을 동시에 폐기한 것을 의미한다. 바꾸어 말해 상생상극(相生相剋)의 개념 내지 원리로서의 음양오행까지도 내다버린 것이다. 바로 여기서 문제가 발생한다. 최한기의 사상에서 상생상극의 개념이 빠져나간 빈자리를 메우고 있는 것은 '화'(和)라는 개념이다. 그러나 적어도 사상이 현실의 사상이기 위해서는 '화'만으로는 부족하다. 구경(究竟) '화'가 추구되는 장(場)인 현실에 대한 냉철한 분석과 통찰이 불가피하다. 그렇지 않는 한 그 '화'는 사변적이거나, 공허하거나, 유치한 것이 되기 십상이다. 하지만 최한기의 사상에는 이 '화'를 뒷받침할 만한 냉철한 현실인식이 결여되어 있다. 이는 음양오행의 개념적 원리를 소거해 버림으로써 동시에 '극'(剋)의 계기를 사유로부터 배제한 데서 연유하는 것으로 판단된다. 이 때문에 최한기에게는 동(東)과 서(西)의 '화'가 중시될 뿐 대립과 모순의 계기는 부각되기 어려웠다.

17 사실 그간의 연구는 서양에 대한 최한기의 태도를 가능한 한 긍정적 견지에서 보고자 노력해 온 편이다. 이러한 태도의 전제에는 알게 모르게 근대주의적 발상이 깔려 있다. 하지만 최한기의 서양 인식에는 평가되어야 할 선진적 의의만 있는 것이 아니라 심각한 결함도 내포되어 있다고 하지 않을 수 없다.

여전히 '서양'이 문제가 되고 있는 21세기의 우리에게는 최한기의 사상을 검토하면서 확인되는 그 취약점에 대한 음미를 통해 여전히 배울 점이 많지 않은가 생각한다. 가령 오늘날의 학인(學人) 가운데 서양에 정통하다고 말할 수 있는 사람은 과연 얼마나 될 것인가? 그토록 많은 사람들이 구미(歐美)에서 공부하고 돌아오건만. 한편 우리 자신에 정통하다고 말할 수 있는 사람은 또 얼마나 될 것인가? 그럼에도 사람들은 서양을 안다고 생각하고 자기 자신을 안다고 생각하며 더 나아가 이 양자를 회통(會通)시켜야 한다고 호기롭게 말하곤 한다. 중요한 것은 이런 호기로운 회통이 아닐 터이다. 서양을 찬찬히 그리고 깊이있게 음미하고 연구하면서 그 성취와 문제점 모두를 냉철하고 현실적으로 파악하는 주체적인 태도를 견지함으로써 서양에 대한 제대로 된 지식과 인식을 축적해 나가고 그와 동시에 '나'에 대한 인식과 성찰을 심화시켜 나가는 일이 우리에게는 여전히 급무(急務)가 아닌가 생각되기 때문이다.

18 최한기는 특수성을 끈질기게 탐구함으로써 그로부터 마침내 지양된 보편성에 도달하는 방식이 아니라 처음서부터 보편성을 답으로 설정해 놓고 특수-보편의 문제를 봤던 것 같다. 이 경우 보편성은 퍽 취약한 것이 될 수 있다. 동서(東西)의 문제도 마찬가지다. 최한기는 동과 서의 특수성에 대한 본격적인 검토를 '채' 시작도 하기 전에 동과 서를 아우르는 보편성의 승인으로 나아가 버린 형국이다. 이 점에서 이 보편성은 미봉된 보편성이요, 현실감이 결여된 보편성이다. 최한기에게서는 서양 각국의 법, 제도, 정치, 경제, 풍속, 문화, 도덕, 역사, 사회의 운용원리 등등에 대한 집요하거나 깊이 있는—그래서

독자적인—음미는 거의 발견되지 않는다. 그러므로 최한기는 이런 음미—이에서 비로소 그에 관한 주체적인 사유가 개시되겠지만—를 시도하기 전에, 혹은 이런 시도를 하지 않은 채, 서둘러 보편성의 확인으로 나아갔다고 할 수밖에 없다. 이는 사유의 성급함이요 무모함이라고 해야 하리라.

19 이런 성급함은 어디서 기인하는 것일까? 이 물음에 답하기 위해서는 (1)사유주체로서 최한기의 사회적 위치와 (2)사유가 이루어진 공간인 '조선'의 특수성에 대한 고려 및 (3)조선 사상사의 어떤 경향적 특질이 두루 짚어져야 하리라 생각된다.

20 최한기의 가계는 무반으로부터 성장해 올라온 하층양반으로 알려져 있다.[28] 더구나 그의 세거지(世居地)는 조선왕조 내내 정치적으로 소외된 지역의 하나라 할 개성이었으며, 이런 지역적 연고와 관련하여 최한기 일문(一門)이 상업과도 일정한 연관을 맺지 않았을까 하는 추정까지 제기된 바 있다.[29]

그 가계와 지역적 기반을 감안할 때, 최한기는 도시 공간의 중인서얼들과 함께 당대의 **도시중간층**에 귀속되는 분자로 볼 수 있지 않을까 한다. 18세기 이래 조선사회의 신분변동에 따라 도시중간층은 늘어나는 추세였으며, 하층양반이 그 일부분을 점하고 있었다고 여겨진다. 하층양반은, 도시중간층을 구성하는 또다른 집단인 중인서리층과는 일단 구별되지만 그럼에도 지배계급의 하위(下位) 내지 주변부에 있다는 점에서는 공통점을 지니고 있었다. 도시중간층은 지배계급의 주변부에 위치하기에 한편으로는 지배계급적 성향을 공유하면서 다른 한편으로는 권력을 소유한 지배층에 대한 비판적 정서를 갖고 있었다. 또한 도시중간층은 도시서민의 감수성과 취향에 대한 친근감과 이해를 가질 수 있지만, 농민을 중심으로 하는 비도시 지역 민중층의 감수성 및 지향과는 일정한 거리를 갖게 마련이었다.

최한기가 서양에 대한 문호개방과 관련하여 지배층의 수구적 자세를 비판하면서 교역(交易)으로 얻는 이득을 강조하며 진취적·개방적 자세를 취한 것은 분명 도시중간층의 감수성과 관련이 있어 보인다. 도시중간층의 이런 감수성은 이미 최한기 이전에 서얼 출신의 지식인인 박제가(朴齊家, 1750~1805)를 통해 한 차례 표출된 바 있으니, 그는 일찌감치 18세기 후반에 이미 해외무역을 주창했었다.[30] 최한기의 시대에 최한기처럼 서양과의 통상을 적극적으로 주장한 사람이 또 한 사람 있으니 이규경(李圭景, 1788~?)이 그다. 이규경은 저명한 실학자 이덕무(李德懋)의 손자로서 최한기와도 교분이 있었다. 그는 서얼 신분의 학자였던바, 역시 도시중간층에 속하는 인물이랄 수 있다.

그런데 흥미로운 점은, 박제가는 북학(北學)을 강조한 나머지 조선 사람 모두가 자국어를 버리고 중국어를 사용할 것을 제안했는가 하면,[31] 이규경은 조선이 서양에 문호를 개방하면 만사가 잘 될 것이라는 지극한 낙관론을 폈다는 사실이다.[32] 박제가와 이규경의 이런 태도는 최한기와 유사한 점이 있으며, 이러한 유사성은 이 세 사람이 모두 도시중간층에 속한 지식인이라는 점과 무관하지 않다고 생각된다.

세 사람의 유사성은, 단순히 겉으로 드러나는 사상 자체의 디테일에서가 아니라 그런 사상을 산출한 사상주체의 체질 내지는 멘탈리티에서 확인되는 것이 보다 중요하다. 그럴 경우 세 사람이 대체로 모두 개방적이고, 대단히 실용주의적인 사고를 갖추고 있으며, 시장 논리의 틀 속에서 대외관계를 파악하려는 경향이 있다는 유사성이 주목된다. 적어도 이런 멘탈리티라면 친외국적 혹은 친서양적 지향을 보일 수밖에 없게 된다. 상품은 그 자체가 가치중립적인 것처럼 간주되며, 따라서 정작 상품을 둘러싼 정치경제학적 함의는 사상(捨象)되고 만다. 상품에 내재된 폭력성, 그 정치경제학적 연관을 전연 파악하지 못한 것은 곧 상품의 침략성에 무방비였음을 의미한다. 이 점에서 특히 이규경의 서양에 대한 문호개방론은 진보적인 것처럼 보이기는 해도 기실 아무 **대책 없는** 발상이라는 평가를 면하기 어렵다. 궁극적으로 문호개방을 염두에 두더라도 서양의 실체에 대한 이해 위에서 내부적 준비를 도모하면서 문호개방의 프로그램을 구상해 나가는 것과 무조건 문호를 개방하는 것이 좋다는 발상과는 그 사유방식에 있어 현실적으로 큰 차이가 있기 때문이다.

도시중간층 출신의 지식인들은 과감하고 진취적이고 발랄하며 현실의 추이에 기민하고 실용주의적 지향을 지녔기는 하지만, 그 대신 의심과 신중함이 부족하고 이념과 주체성 등에 있어 그다지 깊은 고민이 없었던 게 아닌가 생각된다. 자주와 비자주, 독립과 비독립은 한갓 실용의 차원에 속하는 문제가 아니라 결국 주체성의 문제이기 때문이다. 이 점에서, 농민층 중심의 민중적 감수성과 요구를 대변한 최제우(崔濟愚, 1824~1864)의 동학은, 비록 최한기와 동일한 시대의 사상이긴 하지만, 반외세·반지배를 표방한 데서 확인되듯 최한기의 사상과는 그 출발점과 지향을 달리한다.

21 최한기에게는 특별히 내세울 만한 사승관계(師承關係)가 없다. 그는 사설(師說)의 중압 같은 것에 시달릴 필요가 없었기에 비교적 자유롭게 사유를

모색해 갈 수 있었으며, 서양에 대해서도 자유롭게 공부하며 입장을 세워 나갈 수 있었다고 판단된다. 그가 글쓰기와 문체에서 재래의 틀을 깨트리면서 자신만의 독특한 세계를 열어 갈 수 있었던 것 역시 이 점과 관련된다.

최한기는, 비록 서울에 살며 저술활동을 하기는 했지만, 당시의 지식인 지형도(地形圖)에서 볼 때 '중심'에 속한 지식인이 아니라 '주변'에 속한 지식인이다. 그렇기에 그는 '중심'의 학문을 신랄하게 공격하면서 거기서 이루어진 (혹은 이루어지고 있는) 학문과는 전연 다른 학문을 구축하고자 하였다. 이는 그가 '주변'에 속해 있었기에 가능했다.

그렇기는 하지만 최한기의 사상이 그간 '중심'에서 이루어진 사상행위의 성과와 직접적으로 대결**하면서** 구축된 것인가 하면 그것은 아니다. 대체로 보아 그는 조선의 기존 학문을 무시한 채 자기대로의 길을 걸어갔다고 할 수 있다. 조선의 '중심'에서 이루어진 사상행위의 성과를 일률적으로 말하기는 어렵다. 특히 실학까지 고려할 경우 그 양과 질, 그리고 그 문제의식은 그리 만만한 게 아니다. 하지만 최한기는 '중심'에서 이루어진 사상행위의 일체를 대체로 일소(一笑)에 붙이고 있다. 이런 오만함은 '주변'에 속한 지식인의 특권일 수 있다. 그렇기는 하지만 최한기의 사유가 종종 보여주는, 광박(廣博)하기는 하나 그리 심오하지는 못함, 명료하기는 하지만 단순함, 치열하기는 하나 정밀하지는 못함, 성실하고 진지하기는 해도 내적 성찰력이 그리 깊어 보이지는 않음 등등의 특징은 그가 '중심'의 전통을 송두리째 부정하기만 했을 뿐 그것과 씨름하면서 그것을 넘어선 것은 아닌, 다시 말해 **변증법적 지양의 과정을 거치지 못한**데 따른 결과가 아닌가 생각된다.

가령 최한기의 선배 학자인 홍대용(洪大容, 1731~1783)이나 박지원(朴趾源, 1737~1805), 그리고 최한기와 동시대 학자인 김정희(金正喜, 1786~1856) 같은 인물을 최한기와 마주 세워 보면 이런 사실이 한층 뚜렷해진다. 박지원은 『열하일기』의 「심세편」(審勢篇)에서 동아시아의 정세를 요량하면서 조선적 주체성의 문제를 진중하게 사유해 보인 바 있으며,[33] 김정희가 권돈인(權敦仁)에게 보낸 편지는, 비록 짤막한 코멘트이기는 하나, 김정희가 위원의 『해국도지』를 해방(海防)의 차원에서, 즉 외세로부터 조선을 지켜내는 문제의식하에서 읽고 있었음을 확인시켜 준다.[34] 하지만 최한기에게서는 이런 고민 내지 문제의식이 발견되지 않는다.

22

최한기는 사실 놀라울 정도로 성급하게 동서를 통합하는 보편성을 구축해 내고 있다. 그 과정은 너무나 단순하고 명쾌한데, 이 때문에 오히려 더욱더 사유의 **어리숙함**이 드러난다.

방금 '어리숙함'이라는 말을 했지만, 이는 사실 최한기의 사유행위가 이루어진 공간인 당대 조선의 사정과 깊은 관련이 있다. 최한기 당대의 조선은 그 당시의 서양에 대해 거의 아무것도 알지 못했다. 그 당시의 서양에 대한 어떤 독자적인 정보도 갖고 있지 못했으며, 조야(朝野)를 막론하고 서양에 대해 제대로 알고 있는 사람은 단 한 사람도 없었다. 이런 상황에서 최한기는 중국에서 들어오는 서적을 통해 자기 나름대로 서양 사정을 파악해 갔다. 중국에서 건너온 책들 가운데서도 이른바 '지리상의 발견'이 이루어진 16세기로부터 아편전쟁이 일어난 1840년대까지의 서양에 관한 정보를 가장 방대하고도 충격적으로 전해 준 책은 단연 『해국도지』였다. 이외에 한 책을 더 꼽으라면 서계여(徐繼畬, 1795~1873)라는 인물이 편찬한 세계 인문지리서인 『영환지략』(瀛環志略)을 꼽을 수 있을 것이다. 최한기는 물론 이 두 책을 다 갖고 있었음은 물론, 이들을 완전히 독파하였다.

하지만 19세기 중엽경 중국에서 간행되었던 이 두 책을 지녔거나 읽은 최한기 당대의 조선 학인(學人)은 극소수에 불과했다. 『오주연문장전산고』(五洲衍文長箋散稿)라는 방대한 분량의 백과전서적 서적을 편찬했던 이규경조차 이 책들을 보지 못했다고 말하고 있다.[35] 이처럼 당시의 조선은 당대 서양에 대한 독자적인 정보의 축적이 전연 없었을 뿐 아니라, 그나마 중국을 통해 전해진 당대 서양에 대한 정보마저도 광범위하게 유통된 것이 아니라 극히 제한된 사람들에게만 알려졌을 뿐이었다. 조선의 이런 사정은 일본과 몹시 대조적이다. 『해국도지』는 원래 1844년 양주(揚州)에서 50권본으로 간행되었다. 3년 후인 1847년 이 초간본을 증보한 60권본이 다시 양주에서 간행되었는데, 일본에서는 그 7년 후인 1854에 이 증보판의 일본 간본(刊本)이 나왔다. 한편 『영환지략』은 1848년에 복주(福州)에서 처음 간행되었는데, 이 책의 일본 간본은 1861년에 나왔다. 『영환지략』의 일본 간본에는 한자 제목과 영문 제목이 나란히 표시되었다.

    이런 점을 염두에 둔다면, 동서의 통합을 통한 보편성의 추구와 관련해 최한기가 보여준 사유의 성급함 내지 어리숙함은, 적어도 기학의 체계 **밖에서** 그 원인을 찾는다고 한다면, 결국 서양에 대한 당대 조선의 오활함에서 말미암는 것이라 하지 않을 수 없다. 범백사(凡百事)에서 어리숙함이 반드시 나쁜 것만은 아닐 터이다. 경우에 따라 어리숙함은 순수함이나 이상과 통할 수 있다. 하지만 어리숙함이 오활함과 연결될 때는 문제가 달라진다. 그 경우 어리숙함은 물정 없음이나 아둔함과 통한다. 개인의 차원에서도 그러한데 하물며 공동체의 운명과 관련된, 고도의 정치적 판단을 요하는 사안에 있어 어리숙함은 미덕

일 수 없다. 특히 국제정치의 영역에서 어리숙함은 꾀바름을 견뎌낼 수 없는 법이다.

23 서양에 대한 최한기의 안이한 파악에는 다른 한편으로 조선 사상사의 어떤 경향적 특질, 조선 사상사의 어떤 전통이 일정하게 관련되어 있는 것으로 보인다. 비록 최한기가 조선의 재래적 학문행위를 비판하고 부정하기는 했지만, 그럼에도 불구하고 최한기에게까지 이어지는 조선 사상사의 어떤 경향적 특질이 존재한다고 생각된다. 그것은 무엇인가? 한마디로 말해 **이상주의**다. 조선 사상사는 그 내부의 다기로움과 관계 없이 크게 보아 이상주의적 지향이 두드러진다. 이는 지치(至治: 이상적인 정치)와 성인(聖人)을 목표로 삼는 송학(宋學)이 조선에 강고하게 뿌리내린 것과 무관하지 않다. 송학에 기반한 조선 사상사의 이 이상주의는 특수성에 대한 고려보다는 보편성 쪽에 훨씬 더 관심을 갖게 만드는 지적 풍토를 조성해 왔다. 이러한 풍토는 사대부에 기반한 문치주의의 구현으로 나타났고, 이에 따라 타국과의 관계에 있어서도 군사적 방면에 대한 고려보다 선린우호를 선호함이 체질화되어 왔다.

조선 사상사가 보여주는 이와 같은 이상주의적·보편주의적 지향은, 조선이 중화적 질서 속에 안주함으로써 얻어 낼 수 있었던 안정과 짝을 이루는 현상이라 할 수 있을 것이다. 바로 그 점에서 그것은 간과할 수 없는 약점을 지니는바, 주체성에 대한 관심의 부족, 자주성의 빈곤이 그것이다.

일본 사상사와 비교하면 이 점이 한층 분명해진다. 일본 사상사, 특히 에도시대 사상사는 이상주의가 아니라 현실주의에 대한 지향이 두드러진다. 일본 사상사에서 이상주의의 결여는 보편성에 대한 추구보다 일본적 특수성을 제일의적(第一義的)으로 추구하는 풍토와 결부된다. 사무라이 계층을 기반으로 하는 일본의 이런 풍토는 사상의 협애함과 편협함을 낳으면서 필경 병적인 자기중심주의에 함몰되기 십상이라는 점에서, 그리고 이 병적 자기중심주의는 경우에 따라 언제든―방어를 명분으로 한 것이든 아니면 순전히 자기확대를 목적으로 한 것이든 간에―침략적 충동을 드러낼 수 있다는 점에서 우리와는 또 다른 치명적 약점을 지닌다.

그렇기는 하지만 일본 사상사에 나타나는 강한 현실주의는 동시에 주체성과 자주성에 대한 자각적 옹호를 보여준다는 점이 주목된다. 단적인 예를 들어 17세기 초에 조선으로부터 주자학을 수용한 야마자키 안사이(山崎闇齋, 1619~1682)는, 만일 요순문무(堯舜文武)나 공자·맹자가 군대를 이끌고 일본에 쳐들어온다면 무장을 하고 나가 맞서 싸워야 하며 이것이 바로 춘추대의(春秋大義)이며 공맹(孔孟)의 도라고 설파하고 있다.[36] 그 제자인 아사미 케이사이(淺見絅齋, 1652~1711) 역시 비록 공자와 주자(朱子)를 존숭하고 그 사상을 따른다 할지라도 만일 공자나 주자가 바다 건너 일본에 쳐들어온다고 한다면 당장 총을 들고 나가 그 머리통을 쏴 버릴 것이라는 말을 거침없이 하고 있다.[37] 조선의 학문 풍토에서는 감히 상상도 할 수 없는 발언이다. 이런 자주의식의 유무가 19세기 초 이래 조선과 일본의 서양에 대한 인식과 대응방식의 차이를 초래한 한 요인이 되었으리라고 짐작하는 것은 그리 어려운 일이 아니다.

24 지금까지 최한기가 서양에 대해 취한 태도의 의의와 문제점에 관해 음미해 보았다. 이제 주제를 바꿔 최한기가 표방한 세계주의에 대해 검토해 보기로 하자. 최한기의 사상이 지닌 매력의 하나가 그 도저한 세계주의에 있음은 부인할 수 없다. 기존의 연구에서도 이 점은 강조되어 왔고 또 높이 평가되었다. 세계주의는 최한기 당대의 역사적 맥락에서만 문제가 되는 의제(議題)는 아니며 지금의 맥락에서도 문제적인 의제다.

25

최한기 사상의 세계주의는 대체로 다음과 같은 내용을 갖는다.

첫째, 천하인민은 하나이며, 사대주(四大洲) 여러 나라는 통위일가(通爲一家),[38] 즉 하나의 집이라는 것. 이는 이른바 사해동포 내지는 사해일가(四海一家) 사상이다.

최한기는 '천하'라는 말을 대단히 애용했다. 이 말은 동아시아에서 일찍부터 사용되어 온 말이기는 하지만 특정 사상유파와 연관지어 생각할 경우 특히 양명학파에서 표나게 애용했던 말이다. 이 말에 대한 최한기의 애호, 그리고 이 말에서 느껴지는 강한 파토스는 언뜻 양명학파를 떠올리게 한다(그렇다고 최한기의 사상이 양명학과 무슨 특별한 관련을 갖는 것은 아니다). 하지만 최한기의 사상에 있어 '천하'에 대한 고려는 양명학의 그것보다 훨씬 더 강렬하고 적극적이다. 뿐만 아니라 양명학에 있어서의 '천하'란 다분히 추상적인 것인 데다 중국 중심의 천하관(天下觀)을 전제로 삼고 있지만, 최한기에 있어서의 '천하'란 세계지도에 근거한 구체적인 것인 데다 중화주의적 색채가 탈색된 것이라는 중대한 차이를 갖는다. 이런 점에서 최한기는 사해동포 내지 사해일가라는 이 오래된 말의 뉘앙스를 근대적으로 일신(一新)했다 할 만하다. 최한기는 이런 사해일통적(四海一統的) 관점에서, 먼 나라 사람도 우리 나라 사람과 다름이 없다고 인식하였다.[39]

둘째, 만국은 평등하다는 것. 그리고 각 나라의 풍속과 관습의 차이는 인정되어야 하지만 그럼에도 그 법제(法制)와 문물은 서로 절충될 수 있고, 서로 취할 바가 있다는 것.

최한기는 특히 중국과 기타 사대주 국가의 법제는 대동소이하여 서로 취사(取捨)할 점이 있으며, 원근의 나라들이 다 같이 운화(運化)의 정교(政敎)를 펴면 모두 인도(人道)와 치안(治安=治民安民)으로 화호(和好)를 통하게 될 터이니 이 나라 저 나라의 경계를 구분할 것이 없다고 하였다.[40] 이는 낙관적이며 이상적인 국제주의의 피력이라고 이를 만하다.

셋째, 동서의 상업적 교통(交通), 국제무역에 대한 전면적인 긍정.

앞서 언급한 바 있지만 최한기는 세계무역이 여러 나라의 좋은 법제와 좋은 물산, 그리고 견문을 소개하고 유통시켜 준다는 점에서 그 의의를 적극 긍정하고 있다. 교역과정(交易過程)에서 나타나는 문제들은 일시적인 것에 불과하며 시간이 지나면 해결될 것이라고 보았다.

넷째, 일국적(一國的) 관점을 벗어나 세계적 기준, 세계적 안목으로 자기 나라를 봐야 한다는 것.

이를테면 최한기는, 견문이 고루하여 취사(取捨)에 어두운 자가 자기 나라만 높은 줄 알고 다른 나라에도 좋은 법도가 있는 줄 모르거나, 자기 나라의 비루한 습속과 규례(規例)에 비추어 다른 나라를 비웃거나 이상하게 생각하는 것이 모두 잘못된 태도임을 지적하고 있다.[41] 뿐만 아니라 "나라를 다스리는 데 이웃 나라나 먼 나라의 정교(政敎)를 살피지 않는다면 그것은 독부(獨夫: 무도하여 민심을 잃은 통치자를 가리키는 말)의 나라가 될 것"[42]이라고 경고하고 있다. 이런 관점은 자국을 상대화하면서 보다 확대된 시각으로 자국을 성찰하게 하고 그 개혁을 추구하게 한다는 점에서 의의가 있다.

다섯째, 세계통합지교(世界統合之敎) 내지는 세계일통지학(世界一統之學)의 수립과 제창.

주지하다시피 최한기는 자신이 창시한 기학이 일국지학(一國之學)이 아니라 세계지학(世界之學)임을 누누이 천명하고 있으며, 이 기학을 통해 세계의 인민은 운화를 깨달아 대동의 세계로 나아갈 수 있으리라 보았다. 나아가 최한기는 온 천하의 현준(賢俊: 어질고 빼어난 사람)이 기를 연구하고 기를 밝힘으로써 서로 힘을 합칠 수 있으리라 기대하고 있으며 또한 그 점을 촉구하고 있다.

이상이 최한기의 사상에 내재된 세계주의의 구체적 내용들이다. 최한기가 제기한 세계주의가 19세기 중엽을 전후한 조선에 있어 가장 선진적인 사상이었음은 두말할 나위도 없지만 지금 관점에서 보더라도 또한 경청할 만한 주장이 적지 않다고 생각된다. 이 점을 여기서 굳이 자세히 지적할 필요는 없을 터이다.

26 최한기 사상의 세계주의적 면모에 대해서는 그간 많은 연구자들의 긍정적인 평가가 있었다. 하지만 거기서 생각을 멈출 수는 없으므로 이 자리에서는 그 '반대'의 측면이랄까 문제점이랄까 그런 점에 대해서도 조금 생각해봄으로써 논의의 진전을 꾀하고자 한다.
　최한기의 세계주의는 인류 역사와 세계의 추이에 대한 낙관적 전망 위에서 구축되고 있다. 그것이 그려 보여주는 세계상은 조화로우며 분열이 없는 세계상이다. 이 점에서 그것은 대단히 이상주의적이며 현실주의적 면모가 부족하다는 지적을 면하기 어렵다. 최한기의 이상주의는, 시대와 지역과 민족을 넘어 인류의 어떤 보편적 이념을 문제삼는 철학적 입장에서 볼 경우 다른 평가가 가능할 수도 있겠지만, 시대와 지역과 민족의 매개 없이 사고하기 어려운 정치학의 입장에서 본다면 결코 좋게만 평가할 수 없는 중대한 약점을 안고 있다고 하지 않을 수 없다. 최한기의 세계주의는, 비록 나라 밖으로 눈을 돌리고 세계적 기준을 고려하며 국가를 경영해야 한다는 문제의식 자체는 정당하다 할지라도,

세계 정세를 판단하고 분석하는 차원에 있어서 현실감을 결(缺)하고 있다는 점, 적어도 바로 그 점에서는 다분히 **공상적**이라고 해야 하지 않을까?

27 아마도 최한기는 중국에서 간행된 책들을 통해 서양 사정을 접하면서 기화(氣化)가 전 지구적 차원에서 전개된다는 확신을 가지게 된 듯하고, 그리하여 이전과는 전연 성격을 달리하는 인류사의 새로운 시대가 도래하고 있다는 강한 느낌에 사로잡히게 된 게 아닌가 판단된다.[43] 사실 그의 기학을 관통하는 뉘앙스, 기학의 기저를 이루는 정서는 바로 그런 것이라 말할 수 있을 터이다. 이런 확신과 느낌 앞에 사상(事象)의 역사적 맥락에 대한 조심스런 검토는 이루어지기 어렵다. 의구심이 존재하지 않기 때문이다.

아닌게 아니라 최한기가 보여주는 사유의 전개에서 **역사성에 대한 고려**는 희박한 편이다. 이는 이중의 측면, 즉 그 하나는 '세계'를 그 역사적 맥락 속에서 이해하지 못하고 있다는 점에서, 다른 하나는 '자기'의 정체성을 그 역사적 맥락 속에서 이해하지 못하고 있다는 점에서 문제다. 전자의 측면은 식민주의 내지는 제국주의적 침략이라는 세계사의 본질을 놓치게 만들었고, 후자의 측면은 이른바 '고'(古), 즉 자국의 과거와 자국의 학문전통을 무시하거나 경시하는 태도와 관련된다. 그리하여 최한기는 '고'(古)보다는 '금'(수), 즉 방금운화(方今運化)가 중요하다는 사실을 되풀이해 환기한다. 방금운화란 바로 눈앞에 펼쳐지는 세계의 운동을 가리키는 말이다. 하지만 그 운동이 과거=고(古)의 역사적 과정에 대한 이해 없이 과연 정당하게 이해될 수 있을 것인가?

'고'에 대해 '금'을 강조하는 최한기의 입장이 동아시아 전래의 상고주의(尙古主義)가 갖는 문제점에 대한 직시 내지 비판 위에 성립되고 있고 그 점에 있어 그것대로의 정당성이 없는 것은 물론 아니지만 설사 그런 점을 인정한다 할지라도 '고'에 대한 경시가 최한기의 사상에 내적 성찰력을 크게 떨어뜨리고 있다는 점을 부정하기는 어렵다. 미래에 대한 최한기의 지나친 낙관, 그리고 자신의 사유에 대한 지나칠 정도의 자신감은 '고=역사'로부터의 탈피로 인한 내적 견제력의 상실로 말미암아 제어될 수 없는 지경에 이른 면이 있지 않은가 생각되기 때문이다.

28 최한기의 세계주의에 내포된 또다른 중대한 약점은 그것이 조선의 주체성에 대한 반성적 숙고(熟考)의 과정 없이 도출되고 있다는 점과 관련하여 지적될 수 있다. 최한기는 동(東)과 서(西)라는 말을 자주 쓰고 있지만, 이 경우

'동'(東)이란 중국에 다름아니다. 그러므로 '동서'라는 말은 '중서'(中西)라는 말로 바꿔도 아무 상관이 없다. 실제로 최한기의 저술에서는 이 말이 뒤섞여 사용되고 있다. 그렇다면 조선은 어디에 있는가? '중'(中) 속에 들어 있을 따름이다. 이는 무엇을 뜻하는가? 중국과 조선의 전통적인 주종관계에 대한 숙고, 중국으로부터 독립된 하나의 자주적 개별성으로서의 조선의 주체성에 대한 깊은 성찰이 아직 없었음을 의미하는 것으로 봐야 할 터이다.

그러한 추정은 최한기가 중국에 대한 조공(朝貢)을 당연시한 데서도 뒷받침된다.[44] 뿐만 아니라 최한기는, 조선을 중국의 번국(藩國: 제후국)으로 간주하여 중국의 판도 안에 귀속시켜 놓은 『해국도지』나 『영환지략』에 어떠한 수정도 가하지 않은 채 그것을 그대로 답습해 『지구전요』를 편찬한바, 이에서도 그 점이 확인된다. 또한 최한기는 세계가 하나가 된 마당에 절실히 필요하게 된 만국 공용문자로 중국문자를 제안하고 있기까지 하다.[45]

그렇다면 최한기의 이런 면모는 앞서의 지적, 즉 최한기가 전통적 화이론(華夷論)으로부터 벗어났다는 지적과 어떻게 양립할 수 있는가? 최한기는, 중국이 지리적·문화적으로 세계의 중심이라는 명제, 중국 이외의 나라들은 모두 오랑캐라는 명제를 결코 승인하지 않았다는 점에서 중화주의적 화이론을 벗어났다고 말할 수 있지만, 그렇다고 해서 그것이 곧 조선의 중국에 대한 신복(臣服),

즉 조공의 부정으로까지 이어지고 있는 것은 아니다. 이 경우 최한기는 아마도 조선의 중국에 대한 조공을 중화주의적 전제에서가 아니라 '사대적' 관계로 이해했음직하다. 중화주의와 사대는 실제에 있어 서로 밀접히 연결되어 있기는 하나 엄격히 본다면 그 개념이 다르다. 중화주의는 세계관과 관련된 개념이지만, 사대는 세계관이라기보다 현실정치적 요청과 관련된 개념이기 때문이다. 하지만 최한기가 조선의 중국에 대한 조공을 중화주의적 맥락에서가 아니라 단순히 사대적 견지에서 봤다고 할지라도 사태가 실질적으로 달라지는 건 아니다. 설사 중화주의적 세계관은 폐기되고 '사대'라는 정치적 역학관계에서 조공이 승인되었다 할지라도 그것은 현실적으로는 의연히 중국에 대한 조선의 종속적 관계의 승인을 의미하는 것이기 때문이다. 바로 이 점에서 최한기가 제기한 세계주의의 내적 취약성이 확인된다. 최한기는 세계주의를 부르짖으면서도 정작 중국과 조선의 전통적 관계에 대해서는 진지한 현실적 성찰을 하지 못한 셈이다. 그에 따라, 당대에 시급히 이루어졌어야 할 전통적 조중관계(朝中關係)의 청산, 그리고 이를 통한 조선의 독립적 개별성=자주성에 대한 이론정립, 그리고 그러한 자각 위에서의 내정과 외정에 대한 극히 현실적이고도 혁신적인 프로그램의 구상이 제대로 이루어질 수 없었다. 이 점에서 최한기의 세계주의는 내부적으로 취약성을 지닌, 공소한 것일 수밖에 없었다.

29 『인정』에서 잘 확인되듯 최한기의 정치학은 내정론(內政論)이 중심이다. 물론 인재등용의 문제를 핵심사안으로 하여 전개되는 최한기의 내정(內政) 개혁방안은 세계주의와의 연결고리 속에서 구상되고 있다는 점에서 외정론(外政論)에 대한 고려가 전연 없다고는 할 수 없을 것이다. 하지만 최한기의 세계주의가 갖는 문제점을 검토하면서 확인할 수 있었듯 최한기의 외정론은 아주 허술하고 엉성한 수준에 머물러 있다. 이 때문에, 비록 최한기에게 자국의 국가적 이미지에 대한 고려, 자국에 대한 자의식이 없었다고는 생각되지 않지만,[46] 그것이 현실의 국제관계 속에서 실제적으로 차근차근 음미되고 따져지고 있지는 못하다. 말하자면 최한기는 조선과 주변국의 전통적 관계에 대한 비판적 성찰을 매개하지 않은 채 곧바로 세계주의라는 '추상'(抽象)으로 나아가 버린 셈이다. 이 점에서 세계주의라는 '보편'은 충실한 것이 될 수도 현실적인 것이 될 수도 없었다.

최한기가 조선과 주변국의 전통적 관계에 대한 비판적 성찰을 매개하지 않은 채 곧바로 세계주의라는 '추상'으로 나아가 버렸다는 지적은, 비단 조선과 중국의 관계만이 아니라 조선과 일본의 관계에도 해당된다. 요컨대 최한기의 세계주의는 서세(西勢)의 동점(東漸) 및 그에 따른 동아시아 지역질서의 동요와 재편에 대한 치열한 현실적 고려를 결(缺)하고 있다는 점에서 문제다.

30 이 점과 관련한 최한기의 인식수준을 단적으로 보여주는 예는, 아편전쟁에 대한 그의 태도다. 최한기는 『해국도지』를 열심히 읽었으므로 아편전쟁을 몰랐을 리 없다. 『해국도지』는, 그 서문과 「주해편」(籌海篇)에서 분명히 밝히고 있듯, 아편전쟁의 패배라는 엄청난 충격을 겪은 후 적의 실정을 알아야 적을 이길 수 있으며 나라를 지킬 수 있다는 생각에서 편찬된 서양에 대한 종합적 보고서로서의 성격을 갖는 책이다. 최한기는 『해국도지』를 읽은 후 『지구전요』를 편찬하고 『인정』을 저술했다. 하지만 놀랍게도 이들 책 어디에도 아편전쟁의 충격은 발견되지 않는다. 그 대신 중서(中西)의 회통과 세계의 평화로운 하나됨이라는 낙관적 전망이 제시되고 있을 따름이다. 이 점으로 미루어 최한기는 적어도 아편전쟁이라는 이 세계사적 사건을 하나의 **분기점**으로 삼아 동아시아 질서의 재편을 전망하고 나아가 자국의 방어와 국가 체제의 개편을 구상해 갔던 것은 아니지 않는가 생각된다.

31 일본에 대한 최한기의 인식 역시 이 연장선상에 있는 것처럼 보인다. 최한기는 『지구전요』의 범례에서 말하기를, 『지구전요』는 『해국도지』와 『영환지략』 두 책을 참조해 편찬했지만 일본에 대한 서술의 경우 이 두 책의

내용이 너무 소략해 18세기 초의 조선 문인인 신유한(申維翰, 1681~1752)이 저술한 『해유록』(海游錄)을 참조하기도 했다고 하였다.47) 『해유록』은 비록 문예성이 높아 조선에서 많이 읽힌 책이기는 하나 일본 사정을 깊이 있게 전해 주는 책은 아니며, 더구나 18세기 전반에 저술된 책인지라 이 책을 통해 19세기 이래 급변해 간 일본의 내부 정황을 알 수는 없다. 요컨대 『지구전요』에 반영된 일본은 최한기 당대의 일본과 줄잡아 1세기 반 정도의 시차가 있으며, 적어도 이 점에서 논한다면 최한기의 일본인식은 대단히 낙후된 것이라 하지 않을 수 없다.

최한기의 일본인식의 낙후성은 크게 보아 조선이라는 나라가 갖고 있던 일본에 대한 정보의 양과 질의 제약에 기인하는 것이지만, 그렇다고 해서 전적으로 그 점만 탓할 것은 아니다. 가령 실학자 이익(李瀷, 1681~1763) 같은 인물은, 지금 조선과 일본의 외교는 조선 국왕이 일본 천황에게 국서(國書)를 보내는 형식이 아니라 막부(幕府)의 대장군(大將軍)에게 보내는 형식이니 이는 명분에 맞지 않는 일일 뿐만 아니라 만일 훗날 천황이 다시 실권을 회복하게 된다면 그때는 어찌 될 것인가, 이런 점을 염두에 둔다면 우리 나라의 국왕이 아니라 대신(大臣)이 일본 대장군을 상대하는 게 격에 맞고 옳다라는 요지의 문제제기를 한 적이 있다.48) 비록 19세기 초에 들어와 통신사행(通信使行)은 중단되었지만 그럼에도 불구하고 이 문제는 외교적 갈등의 불씨로 잠복해 있는 상태였다. 하지만 최한기는 이익의 이런 문제제기를 정당하게 계승하고 있지 못하며, 급격히 변화하고 있던 당대의 동아시아 정세를 진지하게 검토하고 있지 않다. 말하자면 최한기는 일본에 관한 재래의 조선 쪽 자료조차 충분히 음미하지 않았던 셈이다.

과연 이익이 우려했던 대로 메이지 유신 후 일본은 천황의 이름으로 조선 국왕에게 유신을 알리는 글을 보내온바(이는 황제가 제후급의 왕에게 글을 내린 의미를 갖는다), 조선 측에서 이 글이 외교적 격식에 맞지 않음을 내세워 접수를 거부하자 일본 측은 크게 분개하여 급기야 정한론(征韓論)을 제기하게 된다.

32 이처럼 최한기의 세계주의는 개별(혹은 특수)과 보편의 관계에 있어 개별(혹은 특수)에 대한 실제적이거나 비판적인 음미 위에서 출발하고 있다기보다 보편 자체에 대한 강렬한 집착 위에 성립되고 있는 것처럼 보인다는 점에서 **부실하다**. 최한기가 끊임없이 세계의 대동(大同)에 대해 말하고 있음에도 그것이 공허한 메아리로 울리는 것도 이 점과 관련된다. 이는 궁극적으로 기학의 존재론이 전제하고 있는 '기일분수'(氣一分殊)나 '일통'(一統)에서 연유하는 바

크다고 판단된다. 만수(萬殊)**에도 불구하고 확인되는** 일기(一氣)에서 보편은 이미 확고하게 담보됨으로써다.

33 최한기의 시대인 19세기와 역사적 맥락이 다르기는 하나, 지금 '세계화'가 현안이 되고 있다. 혹자는 세계의 이런 추세에 우리가 적극적으로 동참해야 한다고 주장하는가 하면, 혹자는 세계화란 필경 강자(혹은 강대국)와 부자(혹은 선진공업국)를 위한 논리이며 인류와 지구를 피폐하게 만들 뿐이라고 주장한다.

세계화는 그것이 자본주의적 세계화인 한, 그리고 강대국의 이해관계에 따라 관철되는 세계화인 한, 국제적으로는 민족모순을, 국내적으로는 계급모순을, 전 지구적으로는 환경모순을 심화시킬 것이 틀림없다. 이 점에서 나는 반세계화에 공감한다. 하지만 우리가 설사 지금 진행되고 있는 세계화의 폐해를 뻔히 안다고 하더라도 세계화의 추세 자체를 무시할 수는 없는 일이다. 그것은 피할 수 없는 현실이기 때문이다. 그렇다고 한다면 중요한 것은, 이러한 세계화의 추세를 거스르지 않으면서도 맹목적으로 그것을 추수하지는 않는 것, 그리고 세계화의 제약 속에서이기는 하나 우리에게 주어진 **주체적 선택의 여지들**

을 지혜롭게 잘 활용하는 것일 터이다. 이것이 가능하기 위해서는 '자기=주체'에 대한 진지하면서도 현실적인 성찰, **우리의 삶과 진로에 대한 냉정하고도 비판적인 숙고(熟考)**가 이루어지지 않으면 안될 것이다. 가령 이 점과 관련해 다음과 같은 물음들이 제기될 수 있다.

21세기 한국은 일본을 답습하며 부국강병 모델을 계속 추구할 것인가? 남녀노소, 노동자와 자본가, 관료와 시민운동가, 빈자와 부자를 막론하고 온 국민이 성장 이데올로기에 사로잡혀 경제가 성장하지 않으면 삶이 나락에 떨어지고 국가가 결딴나는 줄로만 알아 경제성장 수치의 높낮이에 일비일희하며 밤낮 조바심 내는 삶을 계속 이어갈 것인가? 인간의 행복, 국민의 행복이 GDP(국내 총생산) 지표에 따라 결정된다는 이 미신적 세계관에 언제까지 계속 사로잡혀 있을 것인가? 우리의 좁디좁은 삶의 터전을 지금까지 해온 것 이상으로 가속적으로 파괴해 가면서, 그리고 우리 삶의 자연적이자 궁극적 기반이랄 수 있는 농업을 희생시켜 가면서, 공산품 생산과 그 수출에 일로매진하는 것이 과연 현명하고 지혜로운 길인가? 아니면 성장의 수치를 낮추고 그 대신 보다 인간적이고 공동체적이며 친환경적인 방향의 프로그램을 국가적·사회적으로 실현해 나가는 것이 당장 우리 자신을 위해서 그리고 뒤에 올 후손들을 위해서 바람직한 길인가? 한국은, 늘 입버릇처럼 말하고들 있지만 왜 세계 10위 안에 드는 부자 나라가 되어야 하는가? 자원도 없고 땅도 좁은 한국은 오히려 자신의 터전을 잘 건사하면서 그 규모에 맞게 내실 있게 사는 것이 자신의 분수에 맞는 일이 아닌가? 무한히 공업생산을 늘려 가는 쪽으로 생존을 모색한다면 결국은 생존의 **조건 자체**가 황폐해지는 모순에 봉착하지 않겠는가?[49] 외형적 풍요에도 불구하고 대다수 사람들이 갈수록 상대적 박탈감에 시달리고, 정신적으로는 천박하거나 공허해지며, 문화적으로 가난해지는 그런 나라를 지향할 것인가, 아니면 부자 나라는 아니더라도 인간적인 유대가 유지되고, 아름다운 자연 속에 환경친화적인 삶이 영위되며, 저 김구 선생의 말처럼 문화적으로 자랑스러운 나라를 만들어갈 것인가?[50]

세계화의 현실 앞에 우리가 정말 진지하게 우리 스스로에게 던져야 할 물음은 위와 같은 것들이 아닐까 생각한다. 그것은 우리가 어쨌건 지금까지 만들어 온 근대에 대해 반성하면서 장차 만들어 가야 할 근대 혹은 근대 너머의 세계에 대해 어떻게 주체적으로 사유하고 모색해 갈 것인가 하는 문제와도 직결된 물음이다.

34 최한기의 사유특성을 이해함에 있어 자연과 인위의 관계설정을 살

피는 일은 대단히 중요하다. 그럼에도 불구하고 종래 이 점에 대한 논의는 별로 없었던 것으로 보인다. 이제 주제를 바꾸어 이에 대해 검토해 보기로 하자.

35 상식에 속하는 이야기지만, 조선시대를 지배한 교학체계인 성리학에서는 자연적 질서=천도(天道)와 인적 질서=인도(人道)가 연속적인 관계로 파악된다. 이 점은 이학(理學)=주자학이든 기철학(氣哲學)이든 아무 차이가 없다. 이러한 천(天)과 인(人)의 연속적 파악 때문에 도덕과 정치, 수신(修身)과 치국(治國)은 늘 통일적으로 이해되어 왔으며, 도덕과 수신이 갖추어져야 비로소 정치와 치국도 가능해지는 것이라 간주되었다.

최한기의 존재론은 세 가지 수준의 운화(運化), 곧 대기운화(大氣運化), 통민운화(統民運化), 일신운화(一身運化)로 구성되며, 이 중 통민운화는 대기운화를, 일신운화는 통민운화를 '승순'(承順)하는 것으로 되어 있다. 최한기의 존재론은 대기운화의 **궁극적** 규정력을 잘 말해 준다. 대기운화는 수신과 치국과 평천하(平天下)의 요체가 되며, 만물과 만사의 준적(準的)이 되고, 선과 오륜(五倫)의 근거가 된다. 이 점에서 최한기의 사상에서 천(天)과 인(人), 자연과 인위는 일단 성리학에서와 마찬가지로 연속성을 갖는다고 할 수 있다.

그러나 동시에 최한기는 인·의·예·지(仁義禮智)가 인간의 본성에 선험적으로 주어진 것이 아니라[51] 어디까지나 경험을 통한 추측(推測) 작용을 통해 인식된다고 봄으로써[52] 성리학의 천인관(天人觀)과는 근본적으로 다른 입장을 취한다. 최한기의 이러한 인식론은 '객관세계=사회' 자체 및 그것과의 교섭을 통해 형성되는 경험의 중요성을 강조한다는 점에서 '만물이 모두 마음에 구비되어 있다'고 봄으로써 개인의 도덕적 심성수양을 최우선적으로 강조하던 주자학과는 그 면모를 **완전히** 달리한다. 주자학이 '안'(心)으로부터 '밖'(外物)으로 향하는 구조를 취하고 있다면, 최한기의 인식론은 '밖'(외물)에서 '안'으로, 그리고 다시 '안'에서 '밖'으로 향하는 거의 반대의 구조를 취하고 있기 때문이다.

바로 이 점에서 최한기가 염두에 둔 자연은 주자학 혹은 성리학에서처럼 자연이 곧 당연(當然)이고 당연(當然)이 곧 자연인 그런 등식이 성립되는 자연은 아니다. 당연은 어디까지나 추측지리(推測之理)[53] 즉 인위에 속하는 것으로서, 인간의 인식과정이 여하한가에 따라 옳을 수도 있고 그를 수도 있기에 자연의 유행지리(流行之理)[54]에 자신을 맞추어 가지 않으면 그 정당성이 확보될 수 없다고 보았다.[55]

다음 글만큼 자연(천도, 유행지리)과 인위(인도, 추측지리, 당연)의 분리에 대한 최한기의 생각을 잘 보여주는 글도 아마 없을 것이다.

(1) 경험이 있기 이전 처음에는 유행지리만이 있고, 경험이 있은 뒤에야 추측지리가 있다. (…) 유행지리는 곧 천도이고 추측지리는 바로 인도이니, 인도는 천도에서 나오고 추측은 유행에서 나온다. 이와 같이 해석한다면, 천도와 인도가 구분이 없을 수 없고, 유행과 추측도 자연히 구분이 있다. 만약 구분 없이 인도를 천도라 하고 추측을 유행이라 한다면 착오가 많이 생긴다. (…) 하늘과 사람을 구분하지 않는다면 어떤 때에는 사람이 하늘을 기른다 여기고 어떤 때에는 하늘이 사람을 기른다 여길 터이니, 어떻게 하늘은 본래 하늘의 함양이 있고 사람은 본래 사람의 함양이 있는 줄 알겠는가? 천리라 하면서 인사(人事)를 섞으면 순수한 천리가 아니며, 인도라고 하면서 천도를 섞으면 유위(有爲: 인위를 이름)[56]의 인도가 아니다.[57]

— 『추측록』 권3 「천인유분」(天人有分)

(2) 자연이란 천지의 유행지리이고, 당연이란 인심의 추측지리다. 학자는 자연으로 표준을 삼고, 당연으로 공부를 삼아야 한다. 자연이란 천(天)에 속하나니 인력(人力)으로 어떻게 할 수 있는 것이 아니고, 당연이란 인(人)에 속하나니 이것으로 공부를 해야 한다. (…) 한편 당연이라 한 것 속에는 또한 우열과 순박(純駁: 순수함과 잡됨)이 있으므로 갈고 다듬어야 하나니, 요컨대 자연으로 표준을 삼아야 한다. (…) 간혹 혼미한 자가 있는 것은, 전적으로 자연과 관련해 공부를 잘못한 탓이다. 이를 가리켜 "하늘을 대

신해 바쁘다"고 이르나니, 도로무익일 뿐이다. 이와 반대로 당연에 전혀 생각을 두지 않는다면 이를 가리켜 "인도를 버렸다"고 이르나니, 끝내 무슨 성취가 있겠는가?[58]

― 『추측록』 권3 「자연당연」(自然當然)

여기서 확인할 수 있듯 최한기의 사상에서 천도와 인도, 자연과 당연은 더 이상 선험적으로 통일되어 있지 않다. 둘은 무관한 것도 아니지만, 그렇다고 늘 합치하는 것도 아니다. 최한기의 기학은 주자성리학과 달리 자연과 당연을 일정하게 분리하고 있으며, 둘 사이에 갭이 존재할 수 있음을 인정하고 있는 셈이다. 바로 이 점에서 당연은 언제든지 자연에 비추어 재검토되거나 수정되어야 할 운명에 놓여 있다. 그리하여 자연과 당연의 분리는, **당연이자 자연**으로 간주되어 온 도덕이나 의리로부터 정치와 정교(政敎)를 분리해 사고하는 것을 가능케 한다. 최한기의 사유가 도덕과 정치, 의리와 정교(政敎)를 분리시키거나 수신(修身)과 치국(治國)을 **일정하게**[59] 분리시키면서 정치와 치국 **그 자체의 논리**를 상대적으로 모색하고 추구해 나가는 경향을 보여주는 것은 이런 견지에서 설명될 수 있다. 요컨대 최한기는 어디까지나 인위에 속한다고 할 당연과 저 자연을 일단 분리해 파악함으로써 또다른 인위의 영역들인 정치라든가 제도의 특수성을 승인하는 방향으로 나아갈 수 있었던 것이다. 그 결과 주자학에서 그토록 공고한 결합을 보여주던 도덕과 정치, 의리와 정교, 수신과 치국 사이의 연쇄는 해체되기 시작하며, 자연과 인위의 연속성도 더 이상 선험적인 것으로 간주되지 않는다.[60] 최한기에 의하면 모든 가르침과 술법(術法)은 인위인바 바뀔 수 없는 정칙(定則)이 아니며,[61] 따라서 법이나 제도는 물론 성스러운 경전의 말이라 할지라도 자연(天, 운화기)에 부합하지 않으면 버리거나 고치지 않으면 안되는 것으로 된다.[62] 최한기의 이런 언명은 겉으로 보면 자연과 인위의 통일을 강조하고 있을 뿐이지만 그러나 그렇게 단순하게만 읽어서는 안되며 그 내면에서 자연과 인위의 분리라는 전제가 작동하고 있음을 간과해서는 안된다. 적어도 이 경우 자연은 사실관계, 혹은 현실의 운동방향이라는 뉘앙스가 강하며, 따라서 자연과 인위의 통일을 강조한 것은 저 주자학에서처럼 인위를 도덕형이상학 속에 포섭[63]하기 위해서가 아니라 그와 정반대로 인위를 도덕형이상학으로부터 끌어내어 인위를 인위 그 자체로서 파악하기 위함이었다. 이 때문에 자연과 인위의 통일이라는 요청은 인위에 대한 자연적 혹은 도덕적 억압이나 왜곡이 되기는커녕 오히려 기이하게도 실제로는 **인위의 특수성에 대한 승인**으로 귀결된다. 이렇게 본다면 최한기의 기학과 주자학은 자연과 인위의 분리라는 점에 있어서만이 아니라 그 통일에 있어서도 중대한 의미지향의 차이가 있다는 점을 지적하지 않을 수 없다.

이리하여 기학에서는 자연의 인위화, 인위의 자연화를 통해 자연과 인위의 도덕적 통일을 꾀한 주자학적 패러다임이 완전히 부정되며, 신유학(新儒學)이 기반하고 있는 '경전주의'가 거부된다.

36 최한기는 특히 수신(修身)과 정치의 관계에서 수신을 우선시해 온 전통적 관점에 이의를 제기하면서 수신보다 정치가 우선적임을 분명히 하고 있다. 즉 수신의 도리를 치인(治人)하는 가운데 확립하고 치인(治人)의 도리를 수신하는 방법에까지 적용해야 하며, 수신만 되면 치인의 도는 절로 이루어지는 양 여기는 것은 잘못이라고 보았다.[64] 요컨대 최한기는 일신(一身)의 인의도덕을 정치에 **직접적으로** 연결시킬 수는 없으며,[65] 정치는 정치대로의 요구와 논리가 있음을 인정하고 있는 셈이다. 최한기는 이런 정치적 요구와 논리를 **통민운화**와 **치안**(治安＝治民安民)이라는 말로 표현하고 있는데, 이 경우 '치안'은 곧 통민운화의 대체(大體)다.

37 여기서 하나의 의문이 제기될 수 있다. 통민운화는 대기운화 즉 순

전한 자연을 승순(承順)하는 관계에 놓이는바, 그렇다고 한다면 정치라는 인위는 여전히 자연의 규제를 받는 것이 아닌가 하는 물음이 그것이다. 이 문제는 미묘하므로 약간의 해명이 필요하다.

최한기의 정치학이 기학이라는 학문체계 속에 자리하고 있는 것인 이상 모든 정치행위는 궁극적으로 대기운화=천(天)과 연속적 관계에 있는 것으로 설명된다. 하지만 분명한 것은 이 경우 천(天)은 주자학에서처럼 한 개인으로부터 사회 및 국가에 이르기까지 수미일관되게 관철되는 저 도덕형이상학을 뒷받침하는 근거는 아니다. 최한기는 '천'의 도덕적 측면으로 선(善)과 오륜(五倫) 정도만 강조하고 있을 뿐 다른 점에 대해서는 거의 말하고 있지 않다. 인·의·예·지는 더 이상 자연적 실체개념으로 강조되지 않는다. 이 점에서 최한기의 자연은 비록 존재와 인식의 궁극적 근거로서의 자리는 승인되고 있음에도 불구하고 주자의 도덕형이상학에서처럼 개인적 심성과 사회적 인위를 규제하는 원리는 아니다. 다시 말해 최한기의 사상에서 자연은 규범이라기보다 존재와 인식의 근거, 판단과 행위의 준거로서의 성격을 띤다. 그리하여 자연으로부터 **규범성의 탈색**이 야기되고 또 이러한 탈색이 야기되는 그만큼 인위는 클로즈업되어 가게 된다. 이 인위의 세계에서 특히 강조되는 것은 실용과 실무이다. 실용과 실무의 중시는 사실과 경험과 과학기술의 중시로 이어진다. 그러므로 최한기 사상에 함유되어 있는 리얼리즘 가운데 가장 빛나는 대목을 지적하라면 아마 이 대목을 지적할 수 있지 않을까 한다. 지금 운위하는 이 리얼리즘의 대극에 놓이는 것은 명분론, 심성론(心性論), 경전주의 등인바, 최한기는 이것이 조선사회에 붕당과 문벌의 폐해를 낳았다고 보고 있다.

38 인위의 레벨에서 최한기의 사상을 들여다볼 경우 가장 주목되는 것은 정치의 영역이다. 최한기는 대기운화와 일신운화의 중간에 위치하는 **통민운화의 특수성**을 대단히 강조하는 입장을 취하였다. 그리하여 통민운화는 일신운화의 지양(止揚)이자 대기운화의 체현으로 이해된다.66) 통민운화라는 특수성은 일신운화라는 개별성과 대기운화라는 보편성을 매개하는 지위에 있다. 그러므로 최한기의 학문체계인 기학은 그 호한(浩瀚)한 관심에도 불구하고 그 핵심적 관심사는 정치에 있다고 말할 수 있다. 이 점에서 최한기의 사상을 집대성해 놓은 책인 『인정』의 본령은, 기실 인위의 세계에 속하는 정치에 대한 방략을 담은 정치학에 관한 저술이라는 점에서 찾아야 할 것이다.

39

최한기의 정치학에서 그 중심범주는 통민운화인데, 통민운화의 견지에서 본다면 천(天)이란, 어떤 도덕적 관념이 아니라 바로 민(民)이다. 다시 말해 정치의 영역에서 '천'은 '민'을 통해서만 확인될 뿐 달리는 확인될 수 없다는 것이 최한기의 생각이다.⁶⁷⁾ 이 점에서 최한기는 정치적 판단과 결정, 정치의 운용과 정치제도 등 모든 정치적 행위 및 제도적 정당성의 근거를 일단 민에 두고 있다. 잘 알려져 있다시피 최한기는 정치의 운용에 있어 인재의 정당한 등용을 가장 중시했는데, 이 경우 선인(選人)이나 용인(用人)에 있어 가장 중요한 것은 민원(民願: 백성의 바람) 혹은 민심(民心)이라고 보았다. 그리하여 민심이나 민정(民情)에 바탕한 선인은 공선(公選: 공정한 선발)이 되는 반면, 그렇지 않고 문호(門戶)나 색목(色目), 개인이나 집안의 이해관계에 따라 이루어지는 선인은 사선(私選: 사사로운 선발)이라고 하였다.⁶⁸⁾ 정치행위의 공(公)과 사(私)를 가르는 기준을 기본적으로 민의(民意)에 둔 셈이다. 최한기는 '정치행위=인위'의 자연적 정당성이 바로 이 '공'(公)에서 확보될 수 있다고 보았다. 그런데 여기서 우리가 주목해야 할 점은, 이처럼 **'공'의 개념이 '민'과 강고하게 결합됨으로써** 정치의 특수성, 정치의 고유한 논리와 요청이 현실적으로 승인되게 된다는 사실이다. 가령 정치적으로 발탁되어야 할 인재의 자질 내지 덕목으로서 고상한 개인적 도덕수양보다는 치안(＝치민안민)의 실제적 능력을 중시하고 있는 데서⁽⁶⁹⁾ 그 점이 잘 확인된다. 최한기는 정치에서 요구되는 실제적 능력을 중시하지 않은 채 일신의 고상한 도덕이나 판에 박힌 경전학습만을 강조할 경우 방금사무(方今事務: 현재의 일)에 어두워 편협하거나 오활하게 될 수밖에 없다고 보았다.⁽⁷⁰⁾ 최한기는, 선인(選人)할 때 문학적 능력을 중시해 온 과거제도(科擧制度)의 폐단을 누누이 지적하면서 문학적 능력보다는 치안(=치민안민)의 능력을 중시해야 한다는 주장을 펼쳤는데⁽⁷¹⁾ 이 역시 정치행위의 고유한 논리를 고려한 결과다.

40 정치라는 인위의 영역에서 공(公)을 강조하는 최한기의 입장은 공선(公選)이나 공거(公擧: 공정한 등용)에 멈추지 않고 공의(公議)와 공론(公論)에 대한 논의에까지 나아간다. 공의나 공론이라는 말은 전통적으로 사용되어 온 말이며 새로운 말은 아니다. 하지만 최한기의 정치학에 있어 그 함의는 근대정치에 있어서의 '여론'에 가까운 개념으로 바뀌어져 있다. 이 점에서 최한기가 사용하는 공의나 공론이라는 말은 단지 사대부사회의 중론(衆論)을 뜻하는 말이 아니라 민(民)의 세계까지 포괄하는, 훨씬 확장된 의미를 갖는다. 최한기가 인민의 저항권을 적어도 원론적으로는 승인했을 때⁽⁷²⁾ 그 경우에도 역시 지금

말하는 이런 의미의 확장된 공론이 전제된다고 볼 수 있다. 정치행위의 정당성의 최종적 근거로서 인민을 상정하는 최한기의 이런 사유특징에는 근대서구의 민주주의적 정치제도로부터의 영향이 명백히 확인되지만 그와 동시에 재래의 유교적 민본주의가 사유의 원천이 되고 있다는 점 또한 간과해서는 안된다.

41 하지만 최한기의 정치학에서 인민이 곧 천(天)이고 그 점에서 인민은 정치행위의 준칙이자 준적(準的)이 된다고는 하지만, 그것은 근본적으로 '민심은 곧 천심'이라는 전통적 명제에서 크게 벗어난 것은 아니지 않는가 생각된다. 최한기는, "민은 비록 지극히 우둔하나 그 앎은 신(神)과 같다"73)고 말한 바 있는데, 이 말에서 잘 확인되듯 최한기가 상정한 민은 한편으로는 신지(神知)를 갖추고 있지만 다른 한편으로는 우맹(愚氓)으로 표상된다. 그러므로 인민은 정치행위의 준거이기는 해도 인민 스스로가 정치의 주체는 아직 아니다. 바로 이 지점이 최한기 정치학의 최전선, 달리 말해 당대 조선의 현실 속에서 고투하며 전진하던 그의 정치학이 멈춰 선 지점일 터이다.

오해를 피하기 위해 여기서 우리가 동시에 확인해 두지 않으면 안될 사실은, 최한기는 권력이 행사되는 방식, 권력의 양태와 근거에 관해서는 주목할 만한 논의의 진전을 이루면서 새로운 주장을 펼쳤지만 권력의 제한 내지 분립(分立)에 관해서는 별 관심을 보여준 바 없다는 점, 그리고 만인치(萬人治: 만인이 다스리는 것)보다는 일인치(一人治: 한 사람이 다스리는 것)를 옹호한[74] 데서 확인되듯 궁극적으로는 여전히 올바른 군심(君心)에 기대를 걸고 있다[75]는 등등의 점이다. 요컨대 최한기는 계몽된 어진 군주가, 민의에 따라 선발된 다양한 인재들을 거느리고 이민안민(利民安民: 백성을 이롭게 하고 백성을 편안하게 함)의 일통지치(一統之治)를 해나가기를 기대했으며, 이를 왕도정치(王道政治)라 이해하였다.[76] 그것은 비단 당시의 세도정치에 대한 안티테제의 의미를 가질 뿐만 아니라, 크게 변하고 있는 세계 속에서 비교적 개량적인 방식으로 조선의 활로를 모색하고자 한 것이라는 의미를 갖는다.

42 자연과 인위의 일정한 분리라는 최한기의 정치학이 보여주는 사유 형식이 갖는 의미에 대해서는 좀더 논의가 필요하다. 최한기는 정치영역의 특수성에 대한 배려에서 도덕과 정치행위를 어느 정도 분리시키기는 했지만 그렇다고 해서 자연과 인위를 완전히 분리시킨 것은 아니다. 자연과 도덕의 등치, 자연과 당위의 통일을 자명한 것으로 전제하는 바와 같은 그런 규범적 자연은

배제되고 있지만, 그럼에도 자연은 신기(神氣)로서 인위와 '통'(通)[77]하고 연결되면서 인위의 궁극적 근거가 되고 있다.

 엄격히 말해 최한기에게 있어 '자연'이란 존재의 근거 내지는 존재의 근본 원리를 뜻하는 말이지만, 그러나 그것은 동시에 구체적 존재로서의 만물에 '통'한다는 점에서 오늘날의 자연개념과도 연결된다. 그러므로 비록 최한기 스스로가 그렇게 말한 적은 없지만 오늘날의 견지에서 해석한다면 최한기의 사유체계 내에서 자연은 두 가지 의미, 즉 존재 근거로서의 자연과 존재로서의 자연이라는 의미를 다 내포하고 있다고 볼 수 있다. 이 둘은 전연 다른 레벨에 속하지만 그럼에도 서로 연결되어 있다. 이 점에서 최한기의 자연개념은 서구근대의 자연개념과 성격을 달리한다.

 서구근대사상에 있어 자연(nature)이란 크게 두 가지 용례를 보여준다. 하나는 자연법(自然法, law of nature) 내지 이성의 근거로서 인간의 도덕적 본성을 가리키며(내적 자연),[78] 다른 하나는 신의 피조물 중 인간을 제외한 일체의 동물·식물·무생물을 가리킨다(외적 자연). 인간 역시 신의 피조물이지만 인간은 신의 모상(模像)으로 창조되었으며 이성을 소유하고 있기에 다른 피조물과 본질적으로 다르다. 신은 인간과 자연을 창조할 때 인간에게 자연을 이용하고 지배할 수 있는 권한을 부여했다. 하지만 최한기는 이런 생각에 동의하지 않았다. 최한기는 서양에서 말하는 인격신이란 가상적 허구에 불과하며, 따라서 실제 그 자리에 놓여야 할 것은 자연=대기운화라고 보았다. 이 경우 자연은 곧 천(天)이며, 기(氣)이며, 신(神)이다. 요컨대 최한기의 사상에서 신(神)의 자리를 점하는 것은 자연이다. 그리고 이 신은 구체적 자연, 즉 존재로서의 자연에도 통하는바, 그 점에서 천인(天人)은 일체를 이룬다. 천인운화(天人運化)란 바로 이를 말한다.

    최한기의 이런 자연관은 동아시아의 전통적 자연관과 맞닿아 있는바, 그 특징적 면모는 유기체론적이라는 점에서 찾을 수 있다. 하지만 앞서 지적했듯 최한기의 유기체론은 강고한 도덕형이상학을 특징으로 삼는 주자학의 그것과는 뚜렷이 구별된다. 이처럼, 자연이 인위의 근거로 상정되면서도 종래 자연에 부과되어 왔던 규범적 측면은 탈색되고 있다는 점에서, 그리고 자연으로부터 인위를 분리해 인위의 특수성을 어디까지나 그 자체의 맥락과 논리 속에서 파악해 가려는 성향을 분명히 보여주**면서도 그럼에도** 사상의 커다란 틀=체계에 있어서는 자연과 인위의 연속적인 관계가 유지된다는 점에서, 최한기의 자연관은 주자학은 물론 서구근대사상의 그것과도 분명히 다른바, 이하 이러한 차이를 생태주의적 견지에서 조금 음미해 볼까 한다.

43 주자학의 유기체론은 기실 인간(인간의 도덕과 규범)의 자연화를 통해 자연과 인간의 완전한 도덕적 일치를 꾀하고 있으며[79] 이러한 일치를 심각한 내적 분열 없이 이론으로 엮어 내고 있다. 이와 달리 서구근대사상에서는—서구근대사상을 일률적으로 말할 수는 없겠지만 이 자리에서의 논의와 관련해 필요한 대로 그 주류적 흐름만을 문제삼는다면—인간의 자연에 대한 지배가 적극적으로 옹호되고 정당화된다. 서구근대사상의 이런 면모는 인간 이성에 대한 무한한 신뢰에서 비롯된다. 이성의 빛에 비추어 볼 때 외적 자연은 열등한 존재로서, 인간에 봉사해야 할 대상에 불과했던 것이다. 자연과의 관계에서 드러나는 이런 인간중심주의는 서양의 중세 신학에도 내재해 있지 않은 것은 아니지만—가령 토미즘(Thomism)을 생각해 보라—도구적 이성이 출현하고 근대적 생산양식이 성립됨에 따라 그 양상은 종전과는 질적 성격을 달리하게 된다. 근대적 이성은 주체와 대상을 대립적으로 파악할 뿐만 아니라, 인간과 세계를 양화(量化)시키면서 요소적·기계적으로 파악하고자 하는 특징을 보여준다. 그리하여 이 근대이성에 힘입어 삼엄한 기계론적 세계관이 전개될 수 있었다.

최한기의 사상은 큰 틀에서 보면 유기체론이라고 해야겠지만 인위의 자연적 근거를 부정하지 않으면서도 인위 자체의 특수성을 승인함과 동시에 인위의 영역에 있어 기기(器機) 내지는 기계의 중요성을 제고(提高)시키고 있다는 점에서,[80] 자연과 인위를 도덕적인 견지에서 완전히 합치시키고 있는 저 주자학과 같은 순연한 유기체론은 아니다. 최한기의 유기체론은 주자학과 달리 천리(天理)와 욕망을 대립항으로 설정하고 있지 않으며,[81] 금욕과 도덕적 규범에 의해 인간과 사회를 통제할 수 있다는 믿음 위에 서 있지 않다. 반대로 최한기는 욕망을 긍정하고 인정하되 어느 정도의 욕망이 자연적으로 정당화될 수 있는가 하는 문제, 즉 욕망의 현실적 분한(分限)의 문제를 진지하게 숙고해 나감으로써 욕망과 자연의 관계를 전면적으로 재조정하려 했다고 보인다. 그는 부귀든 재물이든 성색(聲色)이든 명예든, 욕망 그 자체가 부당한 것은 아님을 강조하고 있다. 욕망 자체는 어디까지나 '운화중물'(運化中物: 운화 속에 있는 것)[82]로서, 자연에 부합하는 것이라는 사실이 거듭거듭 환기된다. 다만 문제는 그것이 부당한 방식으로 추구되거나, 과도하게 추구되는 데 있을 뿐이다. 욕망은 부족해서도 곤란하지만 넘쳐서도 안된다. 욕망이 지나치면 일신(一身)은 물론 사회에도 해를 끼칠 수 있다. 이 때문에 욕망은 통민운화에 의해 사회적으로 조절되지 않으면 안된다.[83] 그리하여 그는, 만일 운화에 합치되기만 한다면 욕망, 즉 '리'(利: 이익)는 인의에 배치되기는커녕 '인의지리'(仁義之利: 인의에 부합되는 '리')[84]가 될 수 있다고 보았다. 바로 여기에서 재부(財富)의 사회적·공공적 기여에 대한 적극적 의미부여 역시 도출될 수 있다.

  욕망의 문제, 그리고 욕망과 자연의 관계설정의 문제는 금일 중요한 생태주의적 의제의 하나다. 그러므로 최한기의 유기체론에 담지된 이런 계기는 단순히 욕망의 억압에 기초해 있고 이 때문에 근대인에게는 지나치게 비현실적인 것으로 받아들여질 수밖에 없는 저 주자학적 담론에 비해 보다 현실성을 갖는다고 판단된다. 다시 말해, 최한기 사상의 이런 계기는 오늘날 우리의 생태주의적 모색에 일정한 시사를 주는 게 아닌가, 적어도 최한기의 사유를 하나의 중요한 단서로 삼아 장차 새로운 사유를 전개시켜 나가 볼 수 있지 않을까 하는 생각을 해보게 한다.

44

최한기는 기계를 중시했고, 이 때문에 인간의 신체를 기계에 비유하는 등 기계론적 시각을 다소간 보여주고 있기도 하다.[85] 이는 서양근대의 물질문명과 서양의 근대적 세계관이 최한기의 사유체계 속으로 틈입해 들어온 것으로 볼 수 있을 터이다. 이런 측면을 강조할 경우 최한기의 사상은 유기체론과 기계론 간의 내적 분열 내지 모순을 보여주는 것으로 해석될 수도 있다. 하지만 이 점은 실제 이상으로 과장되어서는 안된다. 전체적으로 볼 때 최한기의 사상은 유기체론이라는 큰 틀 속에 기계론적 사고가 일부 들어와 있는 수준으로 보는 게 온당하다고 판단되기 때문이다. 그렇기는 하지만 유기체론 속에 기계론이 들어와 있다는 사실, 이 두 대립적인 세계관이 이런 방식으로 관계를 맺고 있다는 사실은 그것대로 흥미로우며 주목된다. 그것은 기계론이 슬며시 들어와 있다는 바로 그 사실 때문이 아니라 유기체론의 체계가 기계론을 껴안을 수 있다는 사실 때문이다.

45 최한기의 사상에서 확인되는, 유기체론이 기계론을 포섭하는 면모는 생태주의적 견지에서 볼 때 퍽 문제제기적이다. 왜냐하면 오늘날 우리를 지배하는 기계론적 세계관을 그보다 더 큰 어떤 틀=체계 속으로 집어넣음으로써 그것을 일정하게 제한하고 순치(馴致)시킬 수는 없을까, 그것은 완전히 불가능한 일일까, 이런 물음이 이로부터 이끌어 내질 수 있다고 여겨지기 때문이다. 뿐만 아니라 다음과 같은 대립적인 물음도 잇달아 제기될 수 있다.

(1) 최한기의 유기체론은 중세적 잔재에 불과하고 그 점에서 그것은 장차 그 내부에 웅크리고 있는 기계론적 관점에 의해 전복되거나 분해되어 버릴 운

명에 처해 있으며, 따라서 그것은 결국 '근대'에의 미달을 보여주는 것일 뿐이 아닌가?

(2) 최한기의 사상에서 확인되는 유기체론과 기계론의 관계맺기 방식은 근대기획이라는 측면에서 볼 때 그 자체가 하나의 소중한 이론적·세계관적 모색으로 간주되어야 하지 않을까? 최한기는 서구의 근대를 읽으면서 그것을 자기대로 취사선택하되 서구의 근대와는 다른 방향, 다른 형식, 다른 체계로 근대를 구상하고 희구해 간 것은 아닌가?

만일 우리가 현존을 절대화하면서 실제 전개되어 온 근대를 모범답안으로 전제하고서 말한다고 한다면 이 두 물음 가운데 (1)이 더 타당한 물음이라고 하지 않을 수 없다. 그러나 근대화를 서구적 근대화와 등치시키는 근대주의적 발상법을 잠시 탈피해, 비록 서구적 근대화와 **전연 무관한 것일 수는 없다 할지라도** 그럼에도 그것과는 내용과 형식 면에서 일정한 차이를 갖는 근대화 내지 근대기획의 가능성을 열어 두는 입장을 취한다고 한다면 거꾸로 (2)의 물음이 보다 본질적인 물음일지 모른다. 최한기의 사상을 단순히 근대기획의 사상에 한정시키지 말고 근대극복 내지는 탈근대의 사상적 모색에 어떤 시사점을 주는 사상으로 읽어 내기 위해서도 이 두번째 물음의 방식이 특히 요청되지 않는가 나는 생각한다.

46 최한기의 근대기획의 독자성은 **자연과 이성의 관계설정**을 둘러싼 그의 사유에서도 잘 드러난다. 앞서 살핀 대로 최한기는 유행지리(流行之理)와 추측지리(推測之理)를 구분하였다. '유행지리'는 천(天) 혹은 일기(一氣) 자체의 운동원리 내지 근본이치를 가리키는 말이고, '추측지리'는 인간의 추측작용에 의해 헤아려진 이치를 가리키는 말이다.[86] 이 경우 '유행지리'는 자연의 영역에, '추측지리'는 인간 이성의 영역에 속하는 것으로 간주될 수 있을 터이다.[87] 그런데 최한기는 유행지리는 틀릴 수 없지만, 추측지리는 틀릴 수 있다고 보았다. 이 때문에 추론 즉 이성적 판단은 항상 자연에 자신을 비추어 보지 않으면 안되며, 자연에 자신을 맞추어 나가지 않으면 안된다. 최한기의 이런 사유를 오늘날의 관점에서 재해석하면서 일반화시키는 것이 허용된다면 그것은 **이성은 자연에 승순하지 않으면 안된다**는 명제로 될 것이다. 최한기에게 있어 이성은 그 특수성에도 불구하고 자연이라는 큰 틀 속에 있는 것이며, 그 점에서 자연의 일부분이다. 따라서 이성은 자연을 이해하기 위해 노력할 수는 있을지언정 이성이 자연을 지배한다거나 자연을 조종한다거나 하는 관점은 원천적으로 성립되

지 않는다. 자연은 이성의 어머니이자 원천임으로써다.[88] 이처럼 자연과 이성의 관계에 대한 최한기의 사유는 서구근대사상의 일반적 경향과는 반대의 면모를 보여준다.

조금 더 생각을 진전시켜 본다면, 최한기의 사상과 서구근대사상 간에 확인되는 '자연/이성'의 관계에 대한 파악방식의 상이는, 세계를 인식하는 방식, 그리고 타자를 인식하는 방식에까지 관철되면서 상응한 차이를 낳는 것으로 판단된다. 가령 서구근대사상에서 이성과 연결되는 개념은 인간, 주체, 남성, 유럽인, 기독교국가, 문명, 중심, 지배 등등이다. 반면 자연과 연결되는 개념은 인간 이외의 피조물, 타자, 여성, 비(非)유럽인, 비(非)기독교국가, 야만, 변방, 복종 등등이다. 자연을 개발하고 이용해야 할 자원으로만 간주하면서 파괴와 약탈을 일삼아 온 것, 그 논리적·실천적 귀결로서 식민지 지배가 이루어지고 정당화된 것, 그에 따라 주체와 타자, 중심과 변방, 문명과 자연 사이에 분명한 경계가 설정된 것, 이것이 모두 오만한 근대이성의 이름으로 이루어낸 인류사의 유례 없는 '성취'다. 하지만 최한기의 경우에는 정반대의 상(像)이 펼쳐진다. 이성이 겸손하게 자연에 승순(承順)하고 있는 그의 사상에서 세계는 어떤 차별도 없이 평등하게 인식되고 있으며, 따라서 중심과 변방을 가르는 경계 같은 건 존재하지 않는다. 뿐만 아니라 문명과 자연은 대립적인 관계에 있지 않고 문명은 자연의 한 부분으로 상정된다. 최한기가 꿈꾼 세계는 지배와 복종의 세계가 아니라 평화와 대동의 세계였던 것이다.[89]

이와 같이 최한기가 염두에 둔 이성은 서구근대의 이성처럼 도구적이거나 자기중심적이거나 인간중심주의적이지 않고, 다분히 성찰적이고 상호주체적이며 자연친화적인 면모를 보여준다. 만일 최한기가 개념적으로 정립해 낸 이러한 이성 역시 근대이성의 한 가능적 양태라고 볼 수 있다고 한다면 그 근대이성은 서구세계가 구성해 낸 근대이성과는 사뭇 다르며 이 점에서 우리의 인식틀을 확장시키면서 후자를 상대화시켜 버린다는 사실에 주목하지 않을 수 없다.

47 그렇기는 하지만 최한기의 유기체론은 동시에 상당한 문제점과 약점을 안고 있다는 사실을 간과해서는 안된다. 최한기의 유기체론적 세계관은 통일과 조화만 주로 강조하고 실제의 현실에서 심각하게 노정되고 있던 갈등과 모순에 대해 충분히 사유하지 않음으로써 결국 아이디얼리즘으로 나아가고 말았다. 즉 최한기의 유기체론은 분열을 어떻게 극복·조정하고 생활세계의 다

양성을 어떻게 공존·통합시켜 갈 것인가 하는 난제와 현실적으로 씨름하면서 대동으로 나아가려 하기보다는 추상과 사변 속에서 일거에 그 통일을 꾀하고 있는 게 아닌가 여겨진다. 이 때문에 지적 자족성은 강하지만 현실감은 떨어지는 것으로 생각된다.

이 점에서 최한기의 담론은 단일한 어조가 강하며 그리 다성적(多聲的)이지는 않다. 단일한 목소리는 유력해 보이는 듯하나 갈등을 심각하게 매개하고 있지 못하다는 점에서 취약할 수 있으며, 현실의 복잡함과 다양성을 충분히 반영하지 못한 채 일원주의(一元主義)로 나아가기 쉽다는 점에서 위험하기까지 하다. 최한기가 인위의 영역에서 정치를 최우선시하고 또한 정치행위의 정당성의 근거를 인민에서 구하는 입장을 견지하면서도 인민주권의 사상이나 권력의 분립과 견제에 대한 성찰에까지 나아가지는 못한 점, 그리고 저항권(혹은 혁명권)이나 인민의 권리에 대해 좀더 진전된 사유를 보여주지는 못한 점, 또한 자연을 인위의 근거로 승인하기만 했을 뿐 인위가 장차 자연에 어떤 심대한 반작용을 초래할 것인지에 대한 역방향에서의 고려가 전연 이루어지지 못했고 그에 따라 자연과 인위의 관계에 대한 좀더 현실적인 성찰의 가능성이 차단되어버린 점 등은 역시 그 유기체론 내부(외부가 아니라)의 문제로서, 그 한계를 보여주는 게 아닌가 생각된다. 그러므로 바로 이 지점이 최한기의 사유가 끝난 지점임과 동시에 장차 우리의 새로운 사유가 시작되어야 할 지점일 터이다. 이 경우 유기체론과 민주주의, 일원론과 다원주의, 아이디얼리즘과 리얼리즘, 갈등과 대동, 자연과 문명의 관계를 여하히 풀어 가야 할 것인가가 주요한 과제가 될 것이다.

48 최한기는 "기학(氣學)을 천하에 전파해 만세(萬世)의 태평(太平)을 연다"90)고 하였다. 이 말에서 잘 확인되듯 최한기 사상의 또다른 주요한 특징은 **평화주의**에서 찾을 수 있다. 이제 이 점에 대한 논의를 우리의 네번째 주제로 삼기로 한다.

49 이미 언급했듯 최한기는 세계 각국이 화호(和好)를 맺어 서로 침해하지 말고 평화롭게 교류해야 한다고 주장하였다.91) 그는 만국이 일통(一統)의 천칙(天則)에 승순(承順)하여 피차의 구별 없이 일체 치안(治安＝治民安民)에 힘쓰는 게 도리인바, 자신이 창안한 학문인 기학은 '천하태평지술'(天下泰平之術)로서 이러한 도리를 실현하는 데 크게 도움이 되리라 보았다.92) 최한기의 이런

생각은 비록 국가는 지역에 따라 여럿으로 나뉘어 있지만 지구는 하나이며 천하인민 역시 하나라는, 저 사해동포 내지 사해일가(四海一家)의 이념에서 연유한다. 그리고 이러한 이념은 최한기의 존재론을 떠받치고 있는 기일분수론(氣一分殊論)에서 말미암는다. 최한기는 분수(分殊)의 현상세계에도 불구하고 세계의 본질은 기일(氣一)에 있으며 그 점에서 세계는 대동(大同)으로 귀결된다고 보았던 것이다.93) 뿐만 아니라 최한기는 기(氣)의 속성이 본질적으로 '화'(和)하다고 이해했던바,94) 따라서 동일한 운화기(運化氣) 아래 움직이고 있는 만국이 평화로운 관계를 유지해야 한다는 것은 비단 당위만이 아니요 자연에 부합하는 일이었다.

최한기는 세계만국이 그 풍속과 정교(政敎), 시속(時俗)과 법제의 차이에도 불구하고 인륜=오륜(五倫)을 존중하고 있다는 점에서는 대동소이하다고 간주했고, 때문에 이 오륜을 천하에 확충시키면 자연히 만국이 다 화합할 것이라고 보았다. 더 나아가 그는 재래의 오륜에다 **조민유화**(兆民有和: 백성에게는 평화가 있어야 한다)라는 항목을 하나 더 보태어 이른바 '육륜'(六倫)을 제안하기도 하였다.95) '조민유화', 즉 평화를 강조하는 이 새로운 윤리적 강령은 새롭게 도래하는 지구촌 시대에 요구되는 **세계시민적 덕목의 윤리적 명제화**에 다름아니다. 최한기는 여기서 한 걸음 더 나아가 "천하인민을 하나로 보는 것이 가장 광대한 사랑"⁹⁶⁾이고, "사람과 물(物)을 박애(博愛)하는 것이 참으로 사랑"⁹⁷⁾이라는 일종의 박애주의의 표방에까지 이르고 있다.

50 최한기의 이런 면모는 비단 국제정치론의 영역에서만 확인되는 것은 아니다. 국내 정치와 관련해서도 최한기는 평화주의자로서의 면모를 여실히 보여준다. 최한기는 "학문이란 본래 평화로운 일"⁹⁸⁾인데 승심(勝心), 즉 남을 이기려는 마음 때문에 붓끝으로 사람을 죽이는 일까지 자행하게 되었다며 문호(門戶)의 학문이나 붕당(朋黨)의 학문이 낳은 정치적 폐해를 통박하고 있다.⁹⁹⁾ 문호의 학문이나 붕당의 학문은 예학(禮學)이나 명분지학(名分之學)이나 의리지학(義理之學)으로 나타나는데, 이런 학문의 특징은 서로 비난하고 헐뜯다가 끝에 가서는 공격하고 배척하며 심지어는 상대방을 해치고 시기하는 데 있다는 것이다.¹⁰⁰⁾ 이처럼 최한기는 조선주자학의 정치적 폐단을 승심(勝心)에서 말미암는 상호비방과 분열과 배척으로 파악하면서 이를 극복하기 위한 학문적·정치적 대안으로서 일통(一統)을 강조하는 기학을 제시한 것이었다.

최한기는 주자학에 바탕을 두고 있는 조선의 정치행태 가운데서도 다음의 인용문에서 보듯 특히 정적(政敵)을 죽이는 행위를 신랄하게 비판하고 있다.

예(禮)를 논하다가 사람을 죽이고, 문(文)을 논하다가 사람을 죽이며, 관직을 다투다가 사람을 죽이고, 재물을 다투다가 사람을 죽이는데, 남을 이기겠다는 마음에서 비롯하여 잔인하고 각박하게 되기는 매일반이다.101)

51
요컨대 최한기는 예학이나 의리지학이 보여주는 잔인함과 각박함에 결연히 반대했으며, 상생(相生)과 조화(調和)를 중시하였다. 이 점에서 최한기의 평화주의 사상은 **정치적 관용**으로 이어진다고 할 만하다.

이런 관용의 정신은 이단(異端)이나 천주교를 대하는 태도에서도 확인된다. 최한기는 이단이나 외도(外道), 잡술(雜術)을 비판하고 있지만 그럼에도 그것을 탄압하고 박해하는 행위에 대해서는 단호히 반대하고 있다. 그는 이단은 교화하도록 해야지 배척을 급박하게 해서는 안되며, 또 물리친다는 구실로 그 나쁜 점을 과장하여 죄를 얽어매서도 안된다고 하였다.102) 이는 방자하게 자기만이 잘났다는 행동이라는 것이다.

비록 최한기는 홍대용처럼 이단을 적극적으로 승인하면서 수용하는 태도를 취하지는 않았지만103) 그럼에도 그 박멸과 탄압에 대해서는 분명히 반대했던바, 이는 최한기의 사상에 담지된 평화주의에서 유래하는 관용의 정신과 관련이 없지 않다고 생각된다.

52 최한기의 평화주의는 그가 주창한 세계주의와 불가분리적으로 연결된다. 세계주의는 평화주의에 의해 뒷받침되고 있으며, 평화주의는 세계주의를 전제로 삼고 있다. 이처럼 둘은 안팎의 관계를 이룬다. 이 점에서 앞서 최한기 사상의 세계주의를 논의할 때 거론한 문제점은 그 평화주의의 문제점 내지 약점을 음미하는 데에도 일정한 참조가 되리라 본다. 그러므로 이 점에 대한 논의는 생략한다. 다만 한마디만 덧붙인다면, 대규모 세계전쟁과 식민지 지배 및 학살이라는 인류사 미증유의 끔찍한 야만을 경험했던 20세기를 지나 21세기의 초입에 서 있는 인류에게 세계평화는, 칸트가 말했듯이 "공허한 이념이 아니라 과제",[104] 즉 관념이 아니라 현실적 요청이라는 사실이다. 이 점에서 동아시아의 역사를 통틀어 아마도 최초로 자각적인 수준에서 제기된 게 아닐까 여겨지는 최한기의 세계평화사상은 현재적·미래적 의의를 갖는다고 하지 않을 수 없으며, 이를 실마리로 삼아 반전(反戰)과 평화에 대한 우리의 주체적 사유를 확대하고 심화하는 노력을 경주할 필요가 있다고 생각한다.

53
여기서 잠시 칸트의 영구평화론과 최한기의 평화주의 사상 간의 동이점(同異點)에 대해 생각해 보기로 하자.

칸트의 영구평화론은 그의 도덕철학과 역사철학의 최종적 귀결이다. 일찍이 야스퍼스가 지적한 대로 거기에는 『순수이성비판』 이래의 칸트의 전 사유가 전제되어 있다.[105] 마찬가지로 최한기의 세계평화론은 그의 기학의 최종적 도달점이다. 다시 말해 기학의 내용과 체계, 기학의 존재론과 인식론은 필연적으로 세계평화론에 가 닿는다. 그리하여 칸트의 영구평화론이 칸트 특유의 도덕적 이상주의에 기초해 있다고 한다면, 최한기의 세계평화사상은 기학적 이상주의에 바탕을 두고 있다.

한편 칸트의 영구평화론이 식민주의의 진원지인 서유럽 내부에서 식민주의를 반성하며 제기된 주장이라면, 최한기의 세계평화론은 식민주의 세력의 위협 아래 있던 서구 바깥의 세계에서 제기된 주장이다. 또한 칸트의 영구평화론이 시민법과 국제법에 대한 고려 위에서 전개되고 있다면, 최한기의 세계평화론은 아직 그런 것을 모르던 단계, 즉 시민사회를 경험하지 못한 단계에서 제출된 사유다. 그렇기는 하지만, **아니 오히려 그 점에서**, 최한기의 세계평화론은 칸트의 영구평화론과 또다른 각도에서 주목되지 않으면 안된다고 생각한다. 왜냐하면 최한기의 세계평화론은, 세계평화에 대한 요구가, '근사한' 근대문명의 서구국가에서나 겨우 제기됨직한 사안이 아니라, '비'근대문명의 '비'서구국가에서도 진지하게 제기될 수 있음을 보여주기 때문이다.

54 칸트는 영구평화가 세계 각국이 공화제를 실현함으로써만 가능하다고 보았다. 이 경우 공화제는 전제 정체(專制政體)와 대립되는 개념으로서, 법치, 삼권분립, 대의제라는 세 가지 원리로 특징지어진다. 이와 달리 최한기는 세계 각국이 운화기에 승순함으로써, 다시 말해 보편적인 대기운화에 승순하여 인도(人道)의 요체라 할 치민안민(治民安民)에 힘씀으로써 세계평화가 이룩된다고 보았다. 두 사람은 그 처한 역사적·사회적 조건에 따라 정치체제 등 그 구체적 고려에 있어서 현격한 차이를 보이기는 하지만 그럼에도 모든 나라가 내부적으로 평화를 지향하며 인민의 요구에 근간을 둔 인민을 위한 정치를 펼침으로써 세계평화가 실현된다고 생각한 점에서는 큰 차이가 없지 않은가 한다.

한편, 칸트에 의하면 이념으로서의 자연은 합목적적인바, 인류사는 자연의 숨겨진 의도(Naturabsicht)에 의해 전쟁을 경유해 평화에 이르게 된다. 다시 말해 자연의 목적론적 구조에 따라 인류는 자연상태인 전쟁으로부터 자연상태가 아닌 평화를 성취하게 된다. 이와 달리 최한기는 운화기의 본질은 화(和)인바 이 때문에 이 세계는 평화로운 것이며 또한 평화롭지 않으면 안된다고 했다. 다시 말해 세계평화는 궁극적으로 운화기라는 자연에 의해 보장된다. 그리하여 각 나라와 각 개인이 운화기에 승순할 때 평화가 이룩되며, 운화기를 거스를 때 불화와 전쟁이 야기된다. 그러므로 최한기의 관점에서는 평화야말로 자연상태이며, 전쟁은 자연상태의 일탈이다. 칸트와 최한기는 적어도 이 점에 있어서는 반대의 입장을 취하고 있다.

55 말을 꺼낸 김에 조금만 더 이야기해 본다면, 칸트는 영구평화를 위한 확정조항의 하나로서, "세계시민법은 보편적 우호의 조건들을 벗어나서는 안된다"[106]라고 언명한 바 있다. 이 경우 '우호'(Hospitalität)란 한 이방인이 낯선 땅에 도착했을 때 적(敵)으로 간주되지 않을 권리를 뜻한다. 칸트는 자신의 토지에서 탄생한 모든 민족의 영토적 소유권을 승인했다. 하지만 인류는 지구 위에서 무한히 흩어져 살 수는 없기 때문에 결국 서로의 존재를 인정해야 하며, 서로 교제하지 않을 수 없다. 그리하여 이방인은 원주민으로부터 적으로 대접받지 않을 권리를 가지는 반면, 원주민을 적으로 대할 어떠한 권리도 갖지 않는다. 세계시민법을 정초(定礎)하는 칸트의 이 '우호'라는 개념에 짝하는 최한

기의 개념은 '화호'(和好)다. 앞서 말했듯 최한기는 한 국가와 다른 국가, 세계의 동과 서, 그리하여 궁극적으로 전 지구가 '화호'의 정신과 태도, '화호'를 기반으로 한 관계 위에서 인적·물적 교섭을 해나가지 않으면 안된다고 했다. 그리하여 전 지구적인 차원에서 새롭게 요구되는 세계시민의 윤리덕목으로서 **조민유화**(兆民有和)[107]라는, 지금까지 동아시아에서는 물론 다른 어떤 문명권에서도 제기된 적이 없던 세계적 규모의 준칙을 내세우게 된다.

56 최한기의 기학은 크게 보아 다음의 네 가지 문제의식을 함유하고 있다. (1)동아시아의 전통적 학문을 대신할 새로운 학문방법과 체계의 수립, (2)국내정치의 쇄신, (3)서교(西敎), 즉 크리스트교와의 대결, (4)세계주의의 논거 마련

최한기의 기학에서 이 네 가지 문제의식은 서로 넘나들며 밀접한 연관을 맺고 있다. 최한기는 기학이 조선만이 아니라 전 세계에 통용될 수 있는 학문임을 천명하였다. 적어도 이 점에서 최한기의 학문이 갖는 스케일 내지 파토스가 확인된다. 한국 사상사 내지 학술사에서 이마마한 규모와 의욕을 보여준 학문행위는 달리 없었으며, 지금도 없다. 그러므로 최한기 학문의 특성에 대한 논

의를 우리의 다섯번째 주제로 삼기로 한다.

57 최한기의 학문은 몇 가지 주요한 특징을 지닌다. 우선 주목되는 것은 **통일과 보편성**에 대한 강렬한 지향이다. 최한기의 기학은 조선에서 전개되어 온 그간의 학문행위에 대한 전면적 비판 위에서 구축되고 있다. 최한기는 전래의 조선 학문이 경전 해석학에 기초해 있는바, 이 점에서 그것은 일정한 표준을 가질 수 없는 학문이고, 일정한 표준을 가질 수 없는 학문이기에 제각각의 경전 해석 위에서 서로 시비(是非)와 공척(攻斥)을 일삼으면서 문호(門戶)와 붕당을 만들어 대립하는 양상을 보일 수밖에 없었다고 파악한다. 그 결과 조선 학문은 예학(禮學)이든 의리지학(義理之學)이든 명분지학(名分之學)이든 그 표방과 상관 없이 치안(治安=治民安民)이 아니라 사익(私益)의 다툼으로 귀결되어 버렸다는 것이다.[108] 최한기는 조선 학문이 보여 온 이러한 폐단, 그 갈등과 분열을 극복하지 않고서는 인민을 위한 올바른 정치는 기대할 수 없다고 확신했으며, 이러한 확신에서 통일학문으로서의 기학을 수립했다고 말할 수 있다.

58 이처럼 최한기의 기학은 분열된 학문의 지양 내지 통일로서의 성격을 갖는데, 이때 '통일'은 '보편성'의 확보를 통해 그 정당성이 입증된다. 최한기는 동아시아 전래의 학문방법인 경전주의 내지 상고주의(尙古主義)로는 결코 보편적 준적(準的)을 마련할 수 없으며, 따라서 그 대안으로 경전이나 성인(聖人)이 아니라 대기운화, 즉 존재와 운동의 객관적 근거인 운화기를 준적으로 삼을 것을 주장하였다.109) 운화기는 그 자체가 객관적 실체이므로 주관에 따라 제각각의 해석이 가능한 경전과는 달리 보편적 준거를 확보할 수 있다고 본 것이다. 더군다나 경전은 특정한 역사적 시기의 산물인바 현재의 상황에는 적합치 않은 부분도 있을 수 있으므로 이런 이유에서도 경전이 아니라 방금운화(方今運化)를 궁극적 준적으로 삼아 학문행위를 해나가지 않으면 안된다고 보았다.110)

최한기의 기학이 성립되는 출발점에서 확인되는 이 두 가지 지향은 동시에 기학의 귀결점이기도 하다. 최한기의 기학은 안으로는, 그리고 직접적으로는, 조선의 전통적 학문에 대한 대안 마련을 모색하는 과정에서 그 윤곽이 잡혀 나간 것으로 보이지만, 거기서 멈추지 않고 마침내 **세계의 학문을 통일하는 보편학문**으로서의 사유를 전개해 나가고 있기 때문이다. 이 점에서 최한기의 기학은 어쨌든 **안팎으로** 학문의 통일을 꾀하고 있다고 말할 수 있다.

59 조금 전 **준적**이라는 말을 쓴 바 있지만, 이 말은 최한기의 학문체계에서 대단히 핵심적인 용어다. 이 말을 좀더 음미함으로써 우리는 최한기의 학문이 갖는 또다른 주요한 특징을 파악할 수 있다. 준적이라는 말은 **표준**이라는 말로 바꿔 이해해도 무방하다. 최한기는 학문이란 모름지기 표준이 있어야 하며, 이 표준은 '허'(虛)나 '무'(無)가 아니라 '실'(實)과 '유'(有)이지 않으면 안된다고 보았다. '허'나 '무'는 무형(無形)인바 무형을 근거로 삼으면 허황하게 되고, '실'과 '유'는 유형(有形)인바 유형을 근거로 삼으면 실제적일 수 있기 때문이라고 했다. 이 점에서 최한기는 불교, 도가(道家), 천주교를 모두 이단으로 간주했으며, 올바른 학문으로 보고 있지 않다. 뿐만 아니라 이미 말했듯 최한기는 '리'(理) 역시 무형이 아니라 유형이라고 보았다. 종래의 이학(理學)은 유형에 해당하는 '리'를 무형으로 잘못 본 채 그것을 표준으로 삼음으로써 여러 가지 잘못과 현실적인 폐단을 낳았지만,[111] 자신의 기학은 유형인 운화기로 학문의 표준을 삼았기에 천하의 학문을 통일하면서 대동을 이룰 수 있다고 했다.

60 여기서 확인되듯 최한기의 학문은 '실'(實)과 '유'(有)라는 두 개념으로 특징지어진다. '실'과 '유'는 기의 속성이라 할 수 있는데, 최한기는 기철

학(氣哲學)을 그 극단까지 밀고 나감으로써 '리'조차도 무형이 아니라 유형이라고 주장하기에 이른 것이다. 한편 장재(張載, 1020~1077)나 서경덕(徐敬德, 1489~1546)의 철학에서 볼 수 있듯[112] 종래의 기철학은 본체=태허(太虛)와 현상=만수(萬殊)를 구분하여 전자를 무형으로 후자를 유형으로 파악해 왔는데, 최한기는 이를 폐기하고 '유형' 쪽으로 양자를 통일해 버렸다. 뿐만 아니라 18세기 조선의 대표적인 기철학자인 임성주(任聖周, 1711~1788)나 중국 기철학의 완성자로 일컬어지는 대진(戴震, 1724~1777)에서 확인되는 바[113]와 같이 최한기 **바로 앞** 시대의 조선·중국 양국의 기철학자들의 기에 대한 파악방식 역시 기를 무형과 유형의 두 레벨로 나누어 파악하는 것이었음을 감안한다면 최한기의 이러한 이해방식은 자못 특이한 것이라 할 만하다.[114]

최한기의 기학에서 이룩된 기철학의 이러한 변모는 '기'가 갖는 물질성과 정신성의 양면 가운데 물질성을 보다 강하게 주장하는 방향으로 '기' 개념의 변화가 꾀해진 것이라는 점에 유의할 필요가 있다. 이렇듯 단순화의 위험을 무릅쓰면서까지 유형(有形)을 강조함으로써 최한기의 학문은 마침내 **실용성과 유용성**을 제일의적인 것으로 내세울 수 있게 되었다. 그리하여 최한기의 학문을 관통하는 실용주의 내지 공리주의적 지향은 내정론(內政論)의 전개에 있어, 그리고 세계주의의 구상에 있어, 하나의 중심적인 사유축을 이루게 된다.

61 최한기 학문의 특성 내지 의의에 대해서는 기왕에도 적지 않은 논의가 있었으므로 이쯤에서 논의를 그치기로 하고, 이제부터 최한기의 학문에 내재된 문제점에 대해 생각해 보기로 하자.

우선 최한기의 학문은 '유'(有)를 극단적으로 강조함으로써 현상 내지 사물의 소이연(所以然)에 대해 물음을 제기하거나 탐구해 들어가는 것을 차단하고 있다는 점이 큰 문제다.[115] 최한기는 "탐구할 수 없는 것은 내버려 두고 논의하지 말아야 한다"[116]고 했다. 형체가 없는 것을 논의하는 일은 허망한 일일 뿐이라는 것이다. 최한기가 이처럼 '유' 너머의 소이연, 형체가 없는 것에 대한 물음과 탐구를 닫아 버린 것은 '공'(空)과 '허'(虛)를 숭상하는 불교와 도가, 그리고 무형의 '리'(理)를 세계의 궁극적 실체로 간주하는 이학(理學)에 대한 부정을 뜻하는 것이지만 그것은 동시에 '신천지무형'(神天之無形),[117] 즉 '형체 없는 천주(天主)'를 떠받드는 천주교에 대한 대결의식의 표명이기도 했다. 이 점에서 '유'의 강조는 이중의 의미, 즉 (1)일종의 허구를 숭앙(崇仰)하고 있는 것으로 이해된 서교(西敎)에 대해 **동아시아적이면서 동시에 보편적인** 대안을 제시하려 했다는 의미와 (2)동아시아 전통사상에 두드러진 사변성과 관념성을 탈피해 현실이 요청하는 실질과 실용에 부응하고자 했다는 의미를 갖는다고 할 수 있을지 모르지만, 그럼에도 그것은 극단적으로 현상세계를 강조할 뿐 그 너머의 본질에 대한 투시를 포기하게 만들고 있다는 점, 그에 따라 이치에 대한 궁구, 특히 사상(事象)의 본원(本源)이나 원리에 대한 집요한 물음의 부재 내지 결핍을 초래한다는 점, 인간의 상상력 및 인식의 범위와 가능성을 제한하고 축소시켜 버린다는 점 등에서 심각한 문제를 내포한다. 적어도 이런 점에서 최한기의 학문이 강조하는 '유'는, 동아시아의 전통적 학문들의 폐단이나 부족점을 넘어서는 것이라는 관점에서만 평가하기 어려우며 동아시아의 학문들이 갖고 있던 어떤 의의와 가능성**까지도** 함께 덜어내 버리면서 동아시아 학문의 특정 전통을 극단화시킨 것이라고 해야 하지 않을까 생각된다.

62 주목해야 할 점은, 이 도저한 '유'가 **운화**(운화기)로부터 도출된다는 사실이다. '유'의 세계는 운화의 세계이자 물질의 세계다. 최한기가 그려 보이고 있는 이 도저한 '유'의 세계는 그 자체로서 근대세계의 표상이다.

63 최한기의 학문에서 '유'(有)는 늘 '표준'과 결부되는데 이 경우 '표준'은 역사적 근대가 중시해 온 가치들인 통일, 획일화, 실증(實證), 물질, 양화

(量化), 계측(計測), 환원, 제어(制御), 수리화(數理化) 등등과 쉽게 연결될 수 있다.[118] 이 점에서 최한기의 학문체계에서 그토록 중시된 '표준'은 **역사적인 근대성의 한 중요한 징후**다. 그러나 이 '표준'은 동시에 '배제'와 '소거'(消去)를 낳고 있다. 최한기에게 있어 표준을 갖는―혹은 표준 위에 서 있는―학문이란 자신이 창안한 기학말고는 없다. 기학은 현실에 존재하는 여타 학문과의 공존이나 대화를 통해서가 아니라 자기 외의 것을 배제하고 억압함으로써만 자기를 주장한다. 이 점에서 기학은 대단히 독단적이며, **진리의 범주적 절대성을 확신**하고 있는 것처럼 보인다. 기학에서 이따금 발견되는 저 예언자 내지 예지자와 같은 어투, 그리고 자신의 진리체계에 대한 놀라울 정도의 과도한 자부와 확신[119]도 결국은 여기서 연유하는 것으로 생각된다. 특정 진리의 범주적 절대성이란 것이 기실 허구에 지나지 않음을 생각한다면 최한기의 학문이 보여주는 이런 면모는 오만한 것을 지나 퍽 위험한 것일 수 있다.

이 점에서, 자신이 추구한 학문 이외의 학문들에 대한 최한기의 태도는 홍대용의 그것과 퍽 대조적이다. 홍대용은 유교적 기철학을 그 학문의 바탕으로 삼으면서도 불교와 도가, 묵가(墨家), 서학(西學) 등 이른바 이단을 적극적으로 긍정하고 이 모두가 '징심구세'(澄心救世), 즉 마음을 맑게 하고 세상을 구제한다는 점에서는 동일하다고 보았으며, 그리하여 서로 함께 대동(大同)으로 나아가는 데 아무런 해가 되지 않는다고 여겼기 때문이다.[120] 말하자면 홍대용이 다원론적 학문관을 표방했다면 최한기는 일원론적 학문관을 표방했다 이를 만하다.

64 최한기가 표방한 '유'(有)의 학문은 경험론적이나 실용주의적 견지
에서 볼 때 그것대로 커다란 장점이 있는 게 사실이다. 이 점은 종래의 연구에서 많이 지적되어 왔으므로 굳이 다시 거론할 필요는 없을 터이다. 그러므로 여기서는 '유'의 학문이 보여주는 실용주의에 내포된 문제점에 대해서만 한두 마디 언급할까 한다.

최한기 학문의 실용주의가 갖는 문제점은 문학에 대한 폄하에서 잘 확인된다. 최한기는 문학에 치력하는 사람은 '고'(古)와 박식에 비중을 두므로 지금의 운화를 잘 모를 수 있다고 보았다[121] 다시 말해 문학은 유용지학(有用之學) 즉 실용학문으로서의 면모가 약한바,[122] 이 때문에 문학을 일삼는 선비들은 화려하고 실질이 없는 문식(文飾)에만 힘쓸 뿐 오활하다고 비판하였다.[123] 그리하여 최한기는 문학과 정치의 철저한 분리, 문학에 대한 정치의 우위를 주장하였다.[124] 최한기는 문예의 폐단이 정치를 망쳤다고 보았으며, 시부·사곡(詩賦詞曲)은 정치에 해가 될 뿐 아무 도움이 되지 않는다고 했다. 그래서 과거시험에

서 문예로 사람을 뽑는 방식을 전면 재고해야 한다고 하였다.[125]

　최한기가 주장한 문학과 정치의 분리는 이미 앞에서 지적했듯 정치 자체의 특수한 논리와 요청을 승인한 것이라는 점에서 진일보한 인식이라 평가할 수 있으며 그 정당성이 인정된다. 하지만 문학을 협애한 실용적 잣대로만 파악함으로써 그 '실용문자'[126]로서의 의의만 인정하고, 좁은 의미의 실용성 너머에 있는 문학의 또다른 사회적 의의 및 내면적 의의를 간과해 버린 점은 최한기 학문의 중대한 약점 내지 한계를 드러내는 것으로 판단된다. 최한기의 학문에는 문학과 예술의 엉뚱하고 자유로운 상상력이 긍정되는 그런 공간이 존재하지 않는다. 그런 상상력이란 표준에 맞지 않는, 다시 말해 운화기에 합치되지 않는 것이며, 따라서 쓸데없는 무형(無形)의 추구일 수밖에 없다.

　여기까지 생각해 들어오면 최한기의 학문이 보여주는 실용주의적 경향은, 그와 다른 견지에서 이루어지는 삶과 세계에 대한 깊은 성찰과 비판, 그리고 새로운 사고방식의 창조에 상당히 적대적일 수도 있다는 사실을 깨닫게 된다. 이처럼 우리는 문학의 예를 통해 최한기의 학문이, 오늘날의 말로 한다면, **인문적 가치**에 대한 정당하고도 깊은 배려를 제대로 하고 있지 못하다는 느낌을 받는다. 실용학과 인문학이 반드시 서로 대립적인 것은 아닐 테지만, 최한기의 학문세계에서는 실용학이 강조되는 그만큼 문학과 같은 인문학은 밖으로 밀려나고 있으며, '금'(今)이 중시되는 그만큼 '고'(古)의 가치나 의의는 경시되거나 무시되고 있다고 판단된다.

65 최한기의 학문이 보여주는 이런 실용주의적 면모의 문제점은 오늘날 한국의―나아가 세계의―실용주의적 학문경향이 노정하는 문제점과 상통하는 점이 전혀 없지는 않은 것 같다.[127] 이 점에서 최한기의 학문은 그 역사적 의의와는 또다른 차원에서 비판적으로 음미될 필요가 있는 게 아닌가 생각된다. '유'의 강조로부터 부상되는 실용주의는 결국 '무'(無)나 '공'(空)이나 '무형'(無形) 등 보이지 않는 것, 혹은 형체가 없는 것을 모두 부질없고 허황된 것으로 치부하게 마련인바, 이 점에서 세계는 감각적·경험적으로 더없이 명확하고 확실하게 포착되는 듯도 싶지만 다른 견지에서 보면 이는 지극히 천박하고 피상적인 인식일 수도 있다. 뿐만 아니라 '유'의 사상은 현상세계만을 중시함으로써 소여(所與)로서의 현실을 추수(追隨)하는 경향을 갖게 되기 쉬우며, 이 점에서 결국 현상세계 그 자체도 충분히 제대로 파악하지 못할 가능성이 없지 않다. 최한기의 현실인식에서 발견되는 안이함과 불철저함은 이런 각도에서 설명될 수도 있다.

그러므로 '유'의 사상이라 이를 수 있을 정도로 '유'를 제일의적으로 내세운 최한기의 학문은 설사 지금까지 지적되어 온 그 모든 역사적 의의를 전부 인정한다손치더라도 넘을 수 없는 어떤 한계, 부정하기 어려운 어떤 중대한 약점을 안고 있다고 하지 않을 수 없을 듯하다.

66 이처럼 최한기의 학문은 그 역사적 의의와 함께 상당한 문제점도 내포하고 있다. 만일 오늘날의 우리가 최한기의 학문행위에서 배울 점이 있다면, 그것은 저 강렬한 보편성에의 지향, 일국지학(一國之學)을 넘어 세계지학(世界之學)을 구축하고자 하는 의욕, 학문의 현실적 효용성에 대한 깊은 고민, 학문의 정치적 의미에 대한 자각적 음미 등등이 아닐까 한다. 반면 경계하고 비판해야 할 점은, 특정 진리체계에 대한 범주적 절대화, 학문의 일원론적 통일이라는 허상의 추구, 실용주의의 폐단 등일 터이다.

67 지금까지 나는 (1)서양을 보는 눈, (2)세계주의, (3)자연과 인위의 관계, (4)평화주의, (5)학문의 통일이라는 논점을 중심으로 최한기 사상을 음미해

왔다. 이제부터는 지금까지의 논의를 바탕으로 삼되, 남아 있는 다른 좀더 작은 주제들―혹은 보기에 따라서는 반드시 작지만은 않은 주제들―을 가능한 한 간명하게 검토해 나감으로써 사유의 빈 공간을 채우고자 한다. 비록 이러한 논의방식이 혹 산만하게 보일지도 모르겠지만, 지금까지 음미해 온 다섯 가지 대주제의 빈틈을 메우는 한편 논의를 좀더 확대하고 심화하는 자리가 되었으면 한다.

68 최한기는 천리(天理)와 이욕(利欲)을 대립항으로 설정하지 않고, **운화기에 승순하는 한** 이욕은 정당한 것이며 악이 아니라고 했다.[128] 이 점에서 그는 이욕을 억압하면서 천리를 극단적으로 강조해 온 재래의 조선성리학 **바깥에** 있다고 말할 수 있다. 그렇기는 하지만 '운화기에 승순하는 한'이라는 전제가 말해주듯 그가 무조건 이욕을 긍정한 것은 아니다. 이욕은 공의(公議), 즉 천하의 공공(共公)[129]에 따를 때 선이 되며 사욕(私欲)만을 추구할 때는 악이 된다고 보았다.[130] 다시 말해 이욕은 '공'(公)과 결부되는 한에서 정당하며, 그렇지 않고 단지 '사'(私)하고만 결부될 경우 정당하지 못하다고 본 것이다.[131] 물론 최한기는 선과 악, 공과 사가 결코 고정되어 있지 않으며 한쪽에서 다른 쪽으로

바뀔 수 있음을 적극적으로 인정함으로써 사욕을 공의 쪽으로 악을 선 쪽으로 인도할 수 있는 길을 활짝 열어 두고 있다. 그렇기는 하지만 **공**(公)과 **사**(私)에 대한 대립적·가치적 이해 자체가 폐기된 것은 아니며, 의연히 '공'은 선과 관련되고 '사'는 악과 관련된 것으로 파악된다.

인욕(人欲)과 천리의 대립을 철폐함으로써 최한기는 인간의 생활상의 욕구와 상공업을 통한 재화(財貨)의 추구를 긍정하는 중요한 이론적 발판을 마련할 수 있었다. 하지만 인욕(人欲)의 긍정은 어디까지나 '운화기에 승순하는 한'이라는 전제하에서만 승인되는 것이기에, 상업을 통한 영리의 추구든 개인의 이러저러한 욕망 추구든 거기에는 어떤 제한선이 설정되어 있다고 하지 않을 수 없다.132) 이 제한선은 곧 '공/사'라는 개념과 관련되어 있다.

만일 오늘날의 요청을 고려한다면 우리는, 한편으로는 인간의 자연스런 욕망을 긍정하면서도 다른 한편으로는 그것이 사회적 공공선(公共善)에 배치되어서는 안되며 그래서 늘 절제와 중정(中正)의 도133)가 필요하다는 최한기의 입장에서 얼마간의 생태주의적 전망을 이끌어낼 수 있을지도 모른다. 하지만 역사적 견지에서 볼 때 최한기는 이욕(利欲)에 대한 그 진보적 사고에도 불구하고 공/사를 선/악에 대응시켜 대립적으로 파악하는 시각을 완전히 극복하지는 못함으로써 '사'에 대한 새로운 사유에로 나아갈 수 없었다는 지적을 면하기 어렵다.

근대세계의 주요한 특징의 하나는 공적 영역과 사적 영역의 분리다. 하지만 이 두 영역은 선악으로 구분되지 않는다. 공적 영역이 법과 제도에 의해 규제되는 세계라면, 사적 영역은 내면의 왕국으로서 여기서는 신앙과 사상, 양심의 자유가 승인된다. 그리하여 법과 도덕이라든가 정치와 종교적 교화는 일단 서로 별개의 영역으로 간주된다. 물론 공적 영역과 사적 영역이 서로 무관한 것만은 아니며, 공적 영역이 승인됨으로써 비로소 사적 영역이 존중받고, 사적 영역의 자유와 자율성의 긍정 위에서 공적 영역은 정당화될 수 있다. 그러나 최한기는 비록 인간 본연의 욕구를 긍정하기는 했어도 **개인의 사적 자율성**의 승인에는 이르지 못했다.

요컨대 최한기는 주로 공적 세계의 관점에서 인간을 이해하고 있으며, 사적 세계의 관점은 미흡하다는 점을 확인할 수 있다. 적어도 역사적 견지에서 본다면 이는 최한기가 근대적 자아, 근대적 의미에서의 **개인**에 대한 성찰에까지는 이르지 못했음을 뜻한다.

69

내면적 자율성을 지닌 개인에 대한 성찰 여부에서 확인되지만, 최한기는 '프리덤'(freedom)의 의미에서든 '리버티'(liberty)의 의미에서든 **자유의**

개념을 아직 사유하고 있지 않다.[134] 이는 최한기가 속해 있던 당대 조선사회의 성격과 관련이 있을 터이다. 아무리 앞선 사상도 시대의 제약을 받음으로써다.

70   최한기가 문예의 가치를 격하해 그 의의를 주로 실용적 방면에 국한시킨 것 역시 사적(私的) 자율성의 세계가 갖는 각별한 중요성을 제대로 인식하지 못한 결과다. 엄격히 말해 최한기는 17세기 이래 동아시아의 문예가 내면적 자율성의 영역에서 성취해 낸 괄목할 만한 성과들을 정당하게 수용하고 있지 못하다. 특히 이탁오(李卓吾, 1527~1602)[135]로 대표되는 양명 좌파(陽明左派)의 이념에 입각해 활발한 문예활동을 전개한 원굉도(袁宏道, 1568~1610) 형제를 비롯해 서위(徐渭, 1521~1593), 탕현조(湯顯祖, 1550~1617), 김성탄(金聖嘆, ?~1661) 등의 이론적·창작적 실천은 예교(禮敎)라는 공적 질서의 억압에 맞서 인간 본연의 감정을 옹호하면서 억눌린 인간의 내면성을 해방시켜 간 측면이 있으며, 이에 못지않게 조선에서도 17세기의 허균(許筠, 1569~1618) 이래 19세기 초의 이옥(李鈺), 김려(金鑢) 등등에 이르기까지 감정해방을 위한 문예적 실천이 지속적으로 이루어진 바 있다. 뿐만 아니라 18세기에 활동했던 인물들인 이용휴(李用休)나 이언진(李彦瑱)에게서 단적으로 확인되듯 **세계와 창조의 주체로**

서의 나를 뚜렷이 자각하거나(이용휴, 이언진 모두에 해당) 혹은 거기서 더 나아가 그런 자각을 정당한 공적 질서의 재구축과 연결짓고자 하는 시도도 제기된 바 있다(이용휴에 해당). 후자의 경우, 비록 사대부의 세계에 해당될 뿐이라는 국한성을 갖기는 하나, **자각되고 확대된 내면성**의 공간이 공적 질서라는 외면성의 공간과 연결되거나 병치된다는 점에서 종전의 문예와는 질적으로 다른 양상을 보인 것으로 평가하지 않을 수 없다.

최한기가 일부러 이런 흐름을 무시했다고는 생각되지 않는다. 아마도 그는 문예에 큰 흥미를 느끼지 못했기에 이런 흐름에 무관심했거나 무지했던 게 아닌가 의심된다. 최한기의 머리 속에 있던 문학론은, 적어도 그 틀에 있어서는, 저 오래된 재도론(載道論)의 범위를 크게 벗어나지 못하고 있었던 게 아닌가 여겨진다.[136]

애석한 일이지만, 최한기가 만일 동아시아 문예의 추이에 관심을 가졌더라면 그는 단지 공적 세계에 대해서만이 아니라 사적 세계의 영역에서도 얼마간 새로운 사유를 전개시켜 나갔을는지도 모른다.

71

최한기는 사민평등(四民平等)의 사상을 이룩했으며, 사민(四民)을

신분 개념이 아니라 직업 개념으로 이해했다는 주장을 자주 접하게 된다. 사실 다음의 글, 즉

> 사람에게는 원래 사농공상(士農工商)의 정해진 분한(分限)이 없다. 그러니 조정에서는 오직 인품과 귀천으로 취사(取捨)해야 한다.137)

에서 보듯, 최한기가 남긴 글 가운데에는 얼핏 보아 사민(四民)의 사회적 평등을 승인한 것처럼 보이는 글도 없지는 않다. 하지만 최한기 사상 전반의 맥락을 고려할 경우 문제는 그리 단순치 않다.

최한기가, 인재등용은 종전처럼 사신분(士身分)에서만 해서는 안되며 사민(四民)을 가리지 말고 능력이 있는 사람이면 다 발탁해야 한다고 생각했던 것은 의심의 여지가 없다. 하지만 이 경우 간과해서는 안될 점은, 국가를 운영하고 경영하는 역할을 맡는 자들, 다시 말해 치민안민(治民安民)을 통해 인도(人道)를 담당할 자들은 어디까지나 기학을 공부하고 연구하여 운화기에 통달한 사람이라야 하는데 이런 사람은 농공상이 아니라 의연히 사신분에 속한 사람일 수밖에 없다는 사실이다.138) 그러므로 비록 사신분이 공부하고 학습해야 할 내용은 바뀌었어도 그 지도적·지배적 위치에는 실질적으로 별다른 변화가 없는 셈이

다. 다만 최한기는 사신분의 인물들을 위정자로 등용하는 방식에 있어 여러 가지 개혁안을 내놓았을 따름이다.

그렇다면 최한기가 사신분에서만이 아니라 농공상(農工商)의 신분에서도 유능한 자들을 관리로 발탁해야 한다고 했다는 건 무슨 말인가? 그것은 다음과 같은 맥락에서 한 말이다: 농공상의 신분에 속한 인물 중 자기 분야에서 뛰어난 재능과 기량을 지닌 이들은 기능직 관리로 발탁해야 한다. 하지만 이런 자들은 실무지식과 능력이 탁월하기는 해도 기학을 연구한 것은 아니니 **인도**를 맡길 수는 없으며, 그 직분에 맞는 하급관료의 일을 담당케 해야 한다.[139]

요컨대 최한기는 두 종류의 인재발탁을 염두에 두었다고 판단된다. 그 하나는 기학을 공부해 통민운화를 아는 사람들을 발탁하여 치민안민의 소임을 맡기는 것이고, 다른 하나는 기능적 지식과 능력이 뛰어난 자들을 선발해 그 직분에 맞는 실무적 소임을 맡기는 것이었다. 이 경우 전자는 사신분에서, 후자는 농공상의 신분에서 충원되는 구도로 된다. 위에 인용한 최한기의 말 역시 이런 문맥에서 이해되지 않으면 안된다.[140]

최한기의 이런 구상은 그간의 신분적 차별을 완화시키고 농공상 신분, 즉 서민의 입신(立身)을 허용한다는 점에서 일단 획기적인 것이기는 하나, 그럼에도 그것은 사민의 평등을 전제한 것이거나 사민의 평등을 염두에 둔 것이라고 말하기는 어렵다. 비록 신분적 경직성은 다소 완화됐어도 사신분은 의연히 지배 신분이며 농공상의 서민은 피지배 신분에 속하기 때문이다.[141] 또한 이 점에서, 최한기의 사유에서 사농공상은 신분 개념**이 아니라** 직업 개념이라는 주장도 하나의 강변일 뿐 그대로 수긍하기 어렵다. 전통적으로 사농공상에는 직(職)으로서의 함의와 신분으로서의 함의가 중첩되어 있다. 뿐만 아니라 '직'으로서의 함의가 곧바로 근대적 의미의 '직업'과 등치될 수 있는 것도 아니다. 최한기가 설사 '직'으로서의 사민을 말하고 있을 때라 할지라도[142] 그 언술의 **이면에는** 신분으로서의 사민이 전제되어 있다고 여겨지며, 적어도 그것이 포기되고 있다는 어떤 확증도 포착되지 않는다.

72 최한기의 사상이 정말 사민평등이라면 거기에 토를 달 일은 아니다. 하지만 실상이 그렇지 않은 데 억지로 그런 방향으로 논의를 몰아가는 것은 옳지 않을 뿐더러, 최한기 사상에 대한 정당한 이해를 방해한다. 왜 이런 결과가 초래되었는가? 근대주의적 전제에 입각해 요소적·부조적(浮彫的)으로 최한기 사상의 근대성 내지 선진성을 부각시키려다 보니 이런 무리가 초래되었다고 보인다. 근대사상은 곧 평등사상이다, 고로 최한기의 사민관에서 평등사

상을 적출해 낼 수만 있다면 최한기의 사상이 근대사상임이 입증된다고 연역적으로 판단한 때문은 아닌가?

73 최한기가 정치에 있어 공의(公議)와 공론(公論)의 중요성을 극구 강조했다는 사실은 앞서 지적한 바 있다. 최한기는 공의와 공론에 따라 이루어지는 정치를 **공치**(共治: 함께 다스림)라 부르고 있다. '공치'에 대한 최한기의 사유는 이미 『인정』에 나타나지만[143] 그 가장 만년의 저술이라 할 『향약추인』(鄕約抽人)에서 재확인된다.[144] 아마도 최한기는 향촌사회 개혁이 국정개혁의 근간이라고 생각했고 그래서 향약(鄕約)을 중심으로 한 향촌사회의 개혁방안을 이 저술을 통해 제시하려 했다고 판단된다.

이에 의하면, 수령에게 향촌 정무를 일임시킬 것이 아니라 유명무실해져 있는 약정(約正)이나 약부(約副), 이장(里長) 등 향직(鄕職)에 실권을 부여함으로써 수령으로 하여금 향촌을 이들과 '공치'하게 하고,[145] 더 나아가 수령에게 향로(鄕老)의 의견을 수렴케 함으로써 '합경지중'(閤境之衆), 즉 온 경내의 사람들과 '공치'하는 데 이르도록 해야 한다는 것이다.[146] 말하자면 향촌지치(鄕村之治)에 향신(鄕紳)을 참여시킴으로써 수령의 권력을 제한하는 한편 향촌 인민의 여론을 정치에 반영하자는 생각이다. 이것이 최한기가 구상한 '공치'의 요지다. 최한기의 이런 구상은 아직 민주주의와는 분명한 거리가 있는 것이라고 해야겠지만 소박하나마 민주주의**에의 지향**을 담고 있는 것으로 평가할 수 있다. 아마도 최한기는 구미(歐美)의 대의제와 지방자치제에서 시사를 받아 이런 구상을 펼친 것으로 짐작된다.

『향약추인』에서 최한기는 향촌을 다스림에 있어 안민교민(安民敎民: 백성을 편안하게 하고 교화함)이 최급무임을 강조했다. 이 말에서 드러나듯 최한기가 민(民)을 지도와 교화와 통치의 대상으로 본 것은 평생을 통해 바뀌지 않았다. 바로 이 점에 최한기가 사유한 '공치'의 한계가 있다.

74 최한기가 꿈꾼 것은 **학문정치**다. 즉 학문이 정치의 근간이 되어야 하고 학문을 이룩한 사람이 정치에 나서야 한다는 것이다. 이 경우 학문은 그가 창안한 기학을 가리킨다. 기학을 공부하고 연구한 사람만이 천지·세계·국가의 운화기를 제대로 파악하고 승순할 수 있어 올바른 정치를 할 수 있다. 이 점에서 최한기의 사상에서는 사도(師道)가 중시된다. 기학의 스승은 일국의 스승일 뿐만 아니라 천하의 스승이며, 또한 후세의 스승이 된다.

최한기는 주자학 등 성리학에 대해 아주 비판적이었지만, 그럼에도 정치의 근본원리로서 학문을 상정하고 있는 최한기의 이런 태도는 주자학과 완전히 닮은꼴이다. 주자학이나 기학에서 학문이란 단순히 정치를 뒷받침하는 논리로서의 그런 학(學)을 넘어 정치를 규제하고 규정짓는 높은 위치에 있다. 뿐만 아니라 이 둘은 우주와 세계와 인간을 종합적으로 설명하는 하나의 이론체계라는 점에서도 동질적이며, 다른 학문체계에 대해 대단히 배타적인 면모를 보인다는 점에서도 같다. **적어도 이 점에서** 그것들은 근대세계에 창시된 맑시즘과도 서로 통하는 면이 없지 않다고 생각된다.

75 최한기 사상의 낙관주의는, 기철학(氣哲學)이 원래 갖는 낙천성과 서구근대과학의 눈부신 성과에 담지된 자신감이 서로 결합됨으로써 증폭되었다.

76 기학에서는 운화기가 절대화된다. 기학이 보여주는 기(氣)에 대한 절대화는 기존의 기철학이 기에 부여해 온 저 우주의 궁극적 실체로서의 지위

를 훨씬 능가한다. 운화기는 인식과 존재의 근거일 뿐만 아니라, 가치의 준거이기도 하다. 하지만 기의 절대화는 담론의 단순화를 초래한다. 만사를 기 하나로 일원적(一元的)으로 설명하려다 보니 무리와 견강부회와 비약이 따를 수밖에 없다.

절대화된 운화기는 도깨비 방망이가 될 수 있다. 그것은 전가(傳家)의 보도(寶刀)처럼 필요에 따라 어떤 주장이나 현상도 정당화할 수 있고 합리화할 수 있다. 특히 운화기가 현실공간 속의 사상(事象)과 소여(所與)를 뒷받침하는 근거로 사용될 때 그런 폐단이 더욱 심해지며, 논의는 자칫 비현실적이거나 몰역사적이거나 관념적으로 될 수 있다. 현실공간 속의 사상(事象)이나 소여는 주로 **사회역사적 관련이나 범주** 속에서 고찰되지 않으면 안되는데 운화기에 대한 강조는 그런 측면을 간과하거나 홀시하게 만들기 때문이다. 말하자면 일단 운화기만 운위하면 그것으로 만사는 끝이며, 더 이상 사상(事象)이 놓인 구체적인 사회역사적 맥락에 대한 검토는 진행되지 않는다. 이 점에서 운화기의 절대화는 현실문제에 대한 더 깊은 음미나 분석을 차단하거나 방해하는 측면이 없다고 할 수 없다. 요컨대 기학에서 운화기는 일종의 **주술성**을 띠고 있으며, 운화기가 모든 판단의 최종적 근거가 됨으로써 사유의 운동은 더 활발하게 진전되지 못하고 어느 선에서 멈출 수밖에 없었다.

가령 오륜(五倫)에 대한 태도에서 그런 점을 잘 확인할 수 있다. 최한기는 오륜이 하늘, 즉 대기운화가 낸 인도(人道)[147]라 보았다. 하지만 이것으로 끝이다. 어째서 오륜이 운화기에 근거하는지는 전연 음미되거나 따져지고 있지 않다. 운화기의 주술성에 사로잡힌 결과다. 때문에 오륜에 대한 사회역사적 검토에 착수할 수 없었다. 주술성이 그 문을 여는 것을 막아 버린 것이다.

77

그러므로, 최한기의 사상을 경험론 일색으로 치부하는 것은 정당하지 않다. 비록 그 인식론에서 경험론적 측면이 크게 인정되지 않는 것은 아니지만, 그렇다고 해서 최한기 사상 전체가 경험론에 의해 틀지어지고 있다고 생각한다면 그것은 크나큰 오해다. 왜냐하면 최한기의 사상에는 경험론적 측면 만큼이나 관념론적 측면도 많기 때문이다. 이를테면 운화기라든가 천인운화, 승순, 천인합일 등등의 개념에서 그 점이 확인된다.

최한기를 일방적으로 경험론자로 몰아간 것 역시 근대주의적 전제에 기인한다. 최한기가 인식론에서 보여준 경험론적 지향이 한국 사상사에서 획기적 의의를 갖는다는 점, 그리고 그러한 지향이 일정한 근대성을 함유하고 있다는 사실을 부정하는 것이 아니다. 그런 점은 당연히 인정된다. 문제는 그 점을 과장하여 최한기를 마치 '경험론자'처럼 만들어 버리는 태도다.

한편, 경험론에 부합되지 않는 최한기 사상의 어떤 측면들이 반드시 부정적이거나 한계만 있는 것은 아니다. 역사적 관점에서든 오늘날의 관점에서든, 부정적인 면이나 한계는 그것대로 직시되어야 옳다고 생각되지만, 동시에 그 속에는 긍정적으로 평가되어야 할 값진 부분 역시 적지 않다. 근대의 관점에서건 근대를 넘어서고자 하는 관점에서건 공히 그러하다.

78

기학은 운화기라는 개념을 토대로 비교적 정연한 **체계**를 구성하고 있다. 이 체계는 그리 정교하거나 복잡한 것은 아니지만, 세계와 인간사 일체를 그 속에 포섭해 설명하려는 강렬한 지향을 지님과 동시에 스스로를 견지하고 옹호하려는 강한 욕구를 보여준다. 무릇 체계라는 것이 대체로 그렇듯이, 기학이라는 체계 역시 자기완결성이 강하며, 이 점에서 **닫혀 있다**고 말할 수 있다. 체계는 일단 형성되면 스스로를 방어하고 정당화하면서 굴러가기 십상이며, 수정과 회의(懷疑)가 작동하기 어렵다. 아닌게 아니라 기학은 스스로를 옹호하기 위해 너무나 많은 동어반복을 되풀이하고 있으며 시간과 힘을 낭비하고 있는 것처럼 보인다. 기학이 새로운 하나의 사상체계이며 따라서 부단한 계몽과 고지(告知)가 필요하다는 점을 감안하더라도 그러한 지적이 가능하다.

기학이 보여주는 종종의 사변성과 비현실성 역시 이같은 체계 자체의 속성에서 비롯되는 면이 없지 않다고 생각된다. 어떤 완미(完美)한 체계도 자족성을 띠는 순간 자기 속에 갇혀 버리게 되고, 리얼리티 내지 삶의 실제적 현실로부터 유리되어 감으로써다.

79 최한기는 다음의 언명, 즉

천하를 두루 돌아다니는 상인은 그의 역량과 배포가 좌판(坐販)이나 행상(行商)과 달라서 혹 천하의 훌륭한 도(道)를 지닌 자를 모으기도 하고, 병선(兵船)을 가지고 노략질하는 자를 대동하기도 한다. (…) 만약 좁은 소견으로 그들을 나쁘다고 여겨 좋지 않은 일을 그들에게 행한다면 그 소문이 원근의 여러 나라에 전파되어 우리 나라 전체 인민이 모두 고약한 줄 알게 될 테니, 이는 한 사람이 잘 헤아리지 못함으로써 온 나라로 하여금 고약하다는 평가를 받게 하는 것이다.[148]

에서 보듯, 개인, 일국지민(一國之民), 국가를 의식(意識) 속에서 직접적으로 대면시키면서 국가를 하나의 독립된 개별적 인격체로서 인식하는 듯한 태도를 보여준다. 적어도 국가가 갖는 어떤 이미지를 국제관계 속에서 문제삼는다는 것은 이미 국가를 하나의 독자적 인격으로 보기 시작했음을 의미한다. 그렇기는 하지만, 최한기의 사유 전체를 놓고 이야기할 때 그가 역사적 의미에서의 '네이션'(nation)의 개념을 사고했다고 말하기는 어렵다. 그에게는 아직 국민, 국민국가, 국가주권 등에 대한 명확한 개념적 파악은 없었다고 여겨진다.

80 동아시아 사상, 특히 유교사상은 성인(聖人)의 가르침, 성인이 제정한 예법을 따르는 것을 그 종지(宗旨)로 삼는다고 말할 수 있다. 성인의 존재를 전제하지 않고서는 인륜과 예법을 생각할 수 없으며, 인륜과 예법은 성인으로 인해 권위를 인정받고 정당화된다. 이렇듯 유교에서 성인이란 **인륜과 예법의 인격화**다. 유교에서는 이런 성인으로 요(堯), 순(舜), 우(禹), 탕(湯), 문왕(文王), 무왕(武王), 주공(周公), 공자 등을 꼽는다.[149] 이처럼 유교사상의 핵심에는 성인이라는 존재가 자리하고 있다. 성인이 없다면 유교는 성립되지 않으며, 성인의 권위에 힘입어 유교의 가르침은 유지될 수 있었던 것이다.

하지만 최한기는 성경(聖經) 즉 성인의 말씀과 가르침을 기록해 놓은 경전

보다 천경(天經) 즉 대기운화를 받드는 것이 더 중요하고 본질적이라고 했다. 그것은, 성경은 옛 시대의 산물인바 더러 지금 시대에 안 맞는 것도 있을 수 있을뿐더러 주석가들에 따라 경문(經文: 경전의 글)에 대한 해석이 분분하여 일정한 표준을 세우기 어렵지만 대기운화는 전일하여 표준이 분명하기 때문이라고 했다. 앞서 지적한 바 있는 최한기 사상의 탈경전주의적 성향도 이에서 유래한다.

그렇다고 해서 최한기가 성인을 부정한 것은 아니다. 그는 성인의 가르침과 그가 제정한 인륜예악이 갖는 의의를 적극적으로 승인하고 있기는 하지만, 그럼에도 그의 사상에서 최고심급(最高審級)의 지위를 점하면서 행위와 판단의 최종적 준거가 되고 있는 것은 성인이 아니라 운화기다. 최한기가 보기에 성인이란 운화를 스승으로 삼아 도학을 이룬 자에 다름아니며, 따라서 운화기는 성인보다 더 큰 권위를 갖는다.[150]

유교는 고래(古來)로부터 '천'(天)에 대한 공경을 품어 왔지만 그렇다고 해서 성인보다 '천'이 더 본질적이라거나, 인간이 **우선적·직접적**으로 받들어 따라야 할 존재가 '천'이라고 간주하지는 않았다. 대신 하늘의 도를 완벽하게 체현한 성인의 가르침을 배우고 그의 창안물인 문물제도를 따르는 것이야말로 하늘의 도에 합치될 수 있는 가장 효과적이고 실제적인 길이라고 믿었다. 하지만 최한기의 기학은 동아시아 유학이 견지해 온 이런 오랜 문법과 원리에 일대 수

정을 가하고 있다고 보인다. 최한기 이전에 동아시아 유학의 이런 원리에 도전한 사상가는 없었던가? 단 한 사람 있었으니 이탁오(李卓吾)가 그다. 이탁오는 유교적 성인의 절대적 권위를 부정하고, 그 대신 하늘이 부여한 인간의 자연스런 성정(性情)=정욕(情欲)을 제일의적인 것, 더 진실한 것으로 간주했다.151) 이탁오는 성인과 예교의 일체화라는 유교의 작동원리를 정확히 간파함으로써, 성인의 절대적 권위를 부정하는 것을 통해152) 예교에 억눌려 있던 인간의 감정과 행위를 해방시키고자 한 것이다. 성인의 권위에 정면으로 도전한 그 자체가 잘 말해주듯 이탁오의 언사는 대단히 과격하다. 이와 달리 최한기의 언사는 겉으로 보아 전혀 과격하지 않다. 그는 이탁오처럼 정면으로 성인의 권위를 부정한 적이 없으며, 성인의 권위를 부정하**지 않은 채로** 성인보다 더 궁극적인 대상을 가리켜 보이면서 그에 대한 승순을 주장했다. 하지만 이탁오의 경우 언사는 튀지만 자신의 주장을 하나의 이론체계로 전면적으로 발전시키는 데까지는 이르지 못했던 데 반해, 최한기의 경우 비록 언사는 부드러우나 그가 수립한 이론체계에 담지된 메시지 자체는 대단히 과격한 것이라 여겨진다.

    요컨대 최한기의 기학은 성인에 의해 지탱되어 온 유학의 오랜 원리를 다른 원리로 대체하고자 하는 기획을 담고 있다. 그 시도는 상당히 조심스럽고 절충적인 방식으로 진행되고 있다고 생각되지만 그럼에도 그 함축한 메시지나

지향은 아주 단호하고 분명해 보인다. 최한기는 성인의 가르침과 성인의 의의를 일단 승인하면서도 인간이 직접 받들고 따라야 할 최고의 것에 성인 대신 운화기를 위치지음으로써 **성인을 상대화**시키고 있는 셈이다. 동아시아 유학사의 내부에서 볼 때 이는 가히 파천황에 가까운 일이라 아니할 수 없다. 일찍이 유학은 신유학(新儒學)을 통해 자신의 패러다임을 크게 한번 바꾼 바 있다. 바로 이 신유학 이래 이룩된 또 한번의 유교적 갱신, 혹은 그 패러다임의 전환으로서의 의미를 갖는 것이 19세기 중반경에 수립된 최한기의 기학일 터이다. 신유학이 불교와 도가에 응전하는 과정을 통해 유교의 자기갱신을 도모했다면, 기학은 신유학과 서학에 대응하는 과정에서 유교의 전반적 갱신을 꾀했다 할 만하다. 만일 좀더 적극적으로 평가하는 것이 허용된다면, 성인을 상대화시키면서 탈경전주의를 꾀하고 있는 최한기의 시도는, 비록 그 자체를 유교에 대한 해체라고까지 말할 수는 없겠지만, 최한기 자신의 의사와 무관하게 유교의 해체를 향한 첫 걸음을 내디딘 측면이 있음을 완전히 부정하기 어렵다.

    최한기의 기학에서는 성인과 운화기 간에 긴장과 균형이 존재한다. 최한기가 강유위(康有爲, 1858~1927)처럼 유교의 종교화라는 퇴행적 방향으로 치닫지 않을 수 있었던 것은 바로 이 긴장과 균형 때문이었을 것이다.

81   성인에 대한 절대적 귀복에서 이미 짐작되는 사실이지만 유교는 대단히 유별난 상고주의적(尙古主義的) 지향을 갖는다. '고'(古)는 그 자체로서 하나의 강력한 이념이며, 늘 추구되지 않으면 안될 가치와 모범이다. 그것은 이른바 예악형정(禮樂刑政), 즉 인륜과 도덕, 법과 제도는 물론이려니와, 일상의 생활방식, 더 나아가 문학이나 예술 등 정신적 방면의 생활에 있어서까지 그러했다. 삶과 정치, 그리고 예술의 이상적 이념으로서의 '고'는 완벽함과 순선(純善)함, 심원함과 중후함을 표상한다. 이 점은 학문에 있어서도 매일반이다. 유교 자체에 내재된 상고주의로 인해 경학(經學) 즉 유교 경전에 대한 연구는 기본적으로 늘 주소학(注疏學), 다시 말해 경문(經文)에 대한 주석 달기의 체재를 면치 못하였다.

하지만 최한기는 유학의 이런 전통을 단호히 거부하였다. 그는 '고'보다는 '금'(今)을 중시했으며, 주소(注疏)의 방식이라든가 경문(經文)을 인용하거나 부연하는 방식의 글쓰기를 일체 따르지 않았다. 최한기 이전에도 간간이 '금'(今)의 가치를 재인식하거나 긍정한 인물들이 없었던 건 아니나 최한기처럼 그렇게 전면적으로 하나의 이론체계를 통해 '금'의 가치를 역설하면서 왜 '고'보다 '금'이 더 본질적이며 우선적으로 추구되어야 할 대상인지를 명확히 한 사람은 아무도 없었다. 이 점에서 최한기는 **'금'의 사상가**라 이를 만하다.

최한기가 제기한 '금'의 사상—최한기는 이를 '방금운화'라는 개념으로 표현하고 있지만—은 현실세계의 신(新)과 변(變)에 적극적으로 대처하고 대응케 하는 장점을 갖는다. 이 점에서 그것은 서구의 신문물 수용을 논리적으로 뒷받침하는 사상으로서의 의의가 있다. 만일 우리가 '모더니즘'이라는 용어를 **새로움**을 추구해 나가는 근대세계의 태도와 지향을 포괄적으로 지칭하는 말로 사용한다고 한다면, 최한기의 '금'의 사상은 어떤 의미에서 바로 이 모더니즘과 일정하게 기맥이 닿는 면이 없지 않다고 할 것이다.

82   여기서 잠시 최한기의 글쓰기가 보이는 특징에 대해 생각해 보고자 한다. 동아시아 중세의 글쓰기는 고대 경전의 권위에 의존한다는 특징을 보여준다. 그것은 특히 학문적 글쓰기에서 가장 두드러진다. 하지만 앞서 말했듯 최한기는 경전의 권위를 빌어 말하는 방식을 일체 취하지 않았다. 뿐만 아니라 그는 어떤 사람의 말을 인용하거나 원용해 입론을 전개하지도 않았다. 최한기는 그저 또박또박 자신의 생각만을 적어 나갔을 뿐이다. 이 때문에 그의 글, 특히 기학 수립 이후의 글들에서는 중국인과 한국인을 막론하고 전인(前人)이나 선학(先學)의 이름이 거론되는 경우를 좀처럼 발견하기 힘들다. 이러한 글쓰기 방

식은 그 전시대는 물론이려니와 당대의 일반적 기준에 비추어 보더라도 아주 특이하고 예외적인 것이다.

『추측록』(推測錄)이나 『인정』에서 대표적으로 볼 수 있듯 최한기는 특정한 표제하에 쓴 하나하나의 글을 무수히 나열해 가는 저술방식을 애용하였다. 『추측록』을 구성하는 표제들은 수백 개나 되며 『인정』은 그보다 훨씬 더 많다. 하지만 하나의 표제 아래 씌어진 글은 대개 짤막하여, 옛날 책을 기준으로 할 때 한 페이지나 두 페이지쯤 되는 게 대부분이다. 이에서 알 수 있듯 최한기는 마치 수상록(隨想錄)을 써 나가듯 특정 주제에 대한 자신의 생각을 자유로운 필치의 단편적인 글들에 담았다. 그렇기는 하지만 한 저술 전체의 차원에서 보면, 일견 분산 고립되어 있는 것처럼 보이는 개개의 표제어와 주제들은 함께 어우러지고 연관을 맺어 하나의 종합적이고 유기적인 사상체계를 조직화해 내고 있다.

이런 저술형식에 그 유래가 없는 것은 아니다. 가령 고염무(顧炎武, 1613~1682)의 『일지록』(日知錄)이나 이익(李瀷, 1681~1763)의 『성호사설』(星湖僿說) 같은 책이 모두 이런 형식을 취하고 있다. 하지만 이들 책과 최한기의 저술 사이에는 중대한 차이가 있다. 『성호사설』 등이 이른바 백과전서적 관심에서 정치, 경제, 사회, 문화, 예술, 문학, 고실(故實), 법제(法制), 언어, 지리, 풍속 등등에 대해 두루 잡박하게 기록하는 형식을 취하고 있음에 반해, 『인정』 등은 뚜렷한 대주제나 중주제(中主題)를 설정한 다음 그 긴박(緊縛)하에 소주제들(=표제)을 기술해 나가는 방식을 취하고 있다.153) 따라서 전자와 달리 후자는 주제의 일관성을 보여준다.

 동아시아 글쓰기의 전통에서 본다면 『일지록』이든 『성호사설』이든 『인정』이든 모두 잡기만록적(雜記漫錄的) 글쓰기의 관습을 따르면서 그것을 대대적으로 확충한 것이라 이를 만하다. 경전주소(經典注疏) 형식의 글쓰기를 반대한 최한기로서는 자유롭게 자신의 사상을 개진하는 글쓰기 방식으로 기왕의 잡기류(雜記類) 형식에 주목하게 된 듯하고, 이 형식에 일관성과 통일성을 부여함으로써 애초 이 형식이 지니고 있던 산만함과 무잡성(蕪雜性)을 덜어내 버릴 수 있었던 것으로 보인다. 자신의 새로운 사상을 자유로운 형식과 필치로 거침없이 표현했다는 점에서 『인정』 등 최한기의 몇몇 저술들은 서구근대 초기에 나온 몽테뉴(1533~1592)의 『에세』(*Essais*)나 파스칼(1623~1662)의 『팡세』(*Pensées*)를 떠올리게 하는 면이 없지 않다.

83   『추측록』이나 『인정』에서 잘 드러나듯 최한기의 문장은 아주 특이

하다. 조선조 오백 년 동안 수많은 문인·학자가 배출됐지만 최한기와 같은 문장을 구사한 사람은 없었다. 그의 글은 몇 줄만 읽어 내려가면 이건 최한기 글이구나 하고 금방 알 수 있게 되어 있다. 그것은 크게 두 가지 이유에서다.

우선 그 하나는, 구사하는 용어와 관련되어 있다. 최한기는 그만의 독특한 용어들을 아주 많이 사용하고 있다. 운화기, 승순, 추측, 습염(習染), 신기(神氣), 인기(人器), 우주인(宇宙人), 기학, 추측지리(推測之理), 이학인(理學人), 인기(人氣), 인물기(人物氣) 등등 그런 말은 이루 다 예거할 수 없을 정도로 많다. 한편 최한기가 구사한 용어 중에는, 그가 그것을 꼭 처음 사용한 것은 아니라 할지라도 그 말에 대한 그의 잦은 사용이나 용례가 이후 한국 근대사회에서 그 말이 일반화되거나 그런 의미로 사용되는 주목되는 선례를 보인 것이라는 점에서 우리의 눈길을 끄는 것도 있다. 예컨대 지구, 세계, 인민, 농업, 상업, 학문, 치안, 경험, 사무 등이 그런 용어다.

최한기는 특히 학문과 관련된 신조어를 많이 사용하고 있다.[154] 예를 들면, 성실학(誠實學), 선거학(選擧學), 용인학(用人學), 정술학(政術學), 정교학(政敎學), 정학(政學), 기용학(器用學), 천문학(天文學), 지리학(地理學), 지지학(地志學), 경학(經學), 사학(史學), 수학(數學), 주거학(舟車學), 전례학(典禮學), 형률학(刑律學), 역수학(曆數學), 기계학(器械學), 물류학(物類學), 방술학(方術學), 외도학(外

道學), 췌마학(揣摩學: 억측을 일삼는 학문을 가리키는 말로 구체적으로는 성리학을 지칭함), 낭유학(稂莠學: 해로운 잡초 같은 학문이란 뜻으로 구체적으로는 方術外道學을 가리킴), 서양학(西洋學), 천방학(天方學: 회교를 가리킴. 天方은 아라비아) 등이 그런 말이다.155)

그렇기는 하지만 최한기가 가장 많이 만들어 낸 말은 뭐니 뭐니 해도 운화와 관련된 말일 것이다. 아래와 같은 예를 들 수 있다.

천지운화(天地運化), 대기운화(大氣運化), 신기운화(神氣運化), 일기운화(一氣運化), 천기운화(天氣運化), 지기운화(地氣運化), 우주운화(宇宙運化), 일통운화(一統運化), 통민운화(統民運化), 통중운화(統衆運化), 만민운화(萬民運化), 인민운화(人民運化), 서민운화(庶民運化), 교접운화(交接運化), 일신운화(一身運化), 신기운화(身氣運化), 심기운화(心氣運化), 자기운화(自己運化), 타인운화(他人運化), 만기운화(萬機運化), 천인운화(天人運化), 천인기화(天人氣化), 천지기지운화(天地氣之運化), 인물기지운화(人物氣之運化), 삼기운화(三氣運化), 삼등운화(三等運化), 귀천운화(貴賤運化), 부귀운화(富貴運化), 정교운화(政教運化), 시속운화(時俗運化), 인기운화(人氣運化), 사물운화(事物運化), 기용운화(器用運化), 기왕운화(旣往運化), 당금지운화(當今之運化), 방금운화(方今運化), 상등운화(上等運化), 하등운화(下等運化), 통달운화(通達運化), 통솔운화(統率運化), 승순운화(承

順運化), 승순기화(承順氣化), 기화운행(氣化運行), 운화공도(運化公道), 운화대기(運化大氣), 운화승순(運化承順), 활동운화(活動運化), 기화도리(氣化道理).

여기서 보듯 최한기는 하나의 개념을 즐겨 여러 개의 다른 단어로 표현하곤 하였다. 가령 천지운화, 대기운화, 신기운화(神氣運化), 일기운화, 우주운화는 완전히 서로 일치하는 개념이며, 통민운화, 통중운화(統衆運化), 만민운화, 인민운화, 서민운화도 마찬가지다. 한편 일통운화는 천인운화와 동일한 개념이다.

최한기의 글이 특이하다는 느낌을 받는 두번째 이유는 그 문체에서 찾을 수 있다. 최한기의 문체는 이른바 고문(古文)도 아니고, 백화(白話)가 섞인 문투도 아니다. 최한기의 글은 일견 졸렬해 보이기도 하는데, 이는 그가 문장을 꾸미거나 글을 다듬는 일에 아무런 관심이 없었던 데 기인한다.[156] 그러므로 그의 글쓰기는 자신의 생각을 가감 없이 또박또박 전달하는 데 그 본령을 두고 있으며 그 이상도 그 이하도 아니다. 그의 글에서 특별한 수사(修辭)를 발견하기 어렵다거나 그의 글에서 이따금 우리말 구기(口氣)나 어순이 느껴지는 것도 이와 관련해 설명될 수 있다.[157]

최한기 문장의 또다른 문체적 특성으로는 부연, 반복, 대조, 분류 등의 두드러진 구사를 들 수 있다. 이런 특성은 최한기 사유의 특성과도 무관하지 않으리라 생각되지만 다른 한편에서 보면 너무도 새로운 자신의 사상을 사람들에게 자세히 알리고 설명하고 납득시키려는, 말하자면 일종의 **끈질긴 계몽적 기도**(企圖)에서 유래하기도 한다고 판단된다.

최한기가 근대세계의 문턱에서 사상행위를 했던 만큼 만일 그가 한글로 철학적 글쓰기를 감행했더라면 더 좋은 일이었을 터이다. 그렇기는 하지만 이전의 어떤 조선 사상가와도 구별되는 최한기의 독특한 문체는 비록 한문의 테두리 내에서이기는 하나 근대를 향한 새로운 사유, 새로운 글쓰기의 모색과정에서 나온 결과물이라는 점에 유의하지 않으면 안된다.

84 이처럼 최한기의 글은 용어와 문체에서 그만의 독특함을 보여준다. 언어는 사유의 집이기도 하지만 **사유를 이끄는 길잡이**이기도 하다. 우리는 이 길잡이에 힘입어 낯선 세계로 나아가는가 하면, 낯익은 세계를 새롭게 재구성할 수도 있다. 언어에 의한 세계의 재구성은 곧 세계의 재창조를 의미한다. 최한기가 구사한 저 특이한 언어들, 그 개념과 문체는 목전의 세계를 재창조해 냄과 동시에 다가올 세계를 선취(先取)하게 하는 길잡이인 것이다.

85 　『추측록』이나 『인정』의 글쓰기는 대단히 기민하다. 하나하나의 표제 아래 씌어진 짧은 글들은 대단히 기동력이 있어 보이고 또 창의적인 생각을 담는 데 적절해 보인다. 그리고 이런 방식의 글쓰기는 새로운 사유내용을 알리고 전파하는 데 꽤 효과적일지도 모른다.

　그렇기는 하지만, 최한기의 글쓰기는 간과할 수 없는 약점도 안고 있다고 생각된다. 우선 그의 글은 비유컨대 짤막짤막한 단답형의 글에 가까워 어떤 문제에 대한 상세하고도 충분한 논의가 잘 이루어지지 않는다. 그의 글은 대체로 선언적(宣言的) 언명이거나 단언적 주장에 가까우며, 논증과정이 결여되어 있다. 이 때문에 사유는 더 심원한 데까지 이르지 못하며, 치열성이 떨어진다.

　뿐만 아니라 그의 글은 수많은 소주제(=표제)를 나열하고 있기는 하나 소주제들 상호 간의 관계에 대한 논의를 제대로 혹은 밀도 있게 수행하고 있지는 못하다. 한 소주제에서 언급된 사안이 다른 소주제들에서도 거듭거듭 중복되어 언급되거나 비슷한 소주제들이 속출하는 현상도 이 점과 관련된다. 이런 현상은, 비록 계몽적 견지에서는 그 의의가 인정될 수 있을지 모르나 사유를 도저하게 밀고 나가면서 주제를 심도 있게 논의하는 글쓰기와는 거리가 있는 양태다. 이런 점으로 인해, 최한기의 글쓰기는 비록 독창적이기는 해도 아주 심오하지는 않다.

최한기의 글에서 사유의 유장한 전개보다는 사유의 토막토막의 분절(分節)을 직접적으로 느끼게 되는 까닭 역시 소주제의 나열이라는 그 글쓰기 형식에서 찾아야 할 것이다. 그리하여 이 글쓰기 형식은 종종 지리(支離)함, 동어반복, 불용의(不用意)함, 조야함 등의 폐단을 드러낸다.

　최한기의 글쓰기가 갖는 또다른 간과할 수 없는 취약점은 역사주의적 태도의 빈곤이다. 그 결과 그의 글쓰기는 철저히 인과관계를 좇기보다는, 때로는 선험적이고, 때로는 정언적(定言的)이며, 또 때로는 예지적(叡智的)인 면모를 띠게 된다. 이는 기학 자체의 속성으로부터 규정된다고 판단된다.

　이상이 최한기의 글쓰기에서 읽어 낼 수 있는 문제점이다. 새로운 사상을 담는 그릇으로서 최한기의 글쓰기가 갖는 역사적 의의를 주목해야 한다는 것은 두 말할 나위도 없지만, 그렇다고 해서 최한기의 글쓰기가 보여주는 한계를 간과해서는 안될 일이다. 우리는 종종 한계로부터 더 많은 것을 배울 수 있기 때문이다.

86 근대세계를 연 일부 서유럽 국가를 제외한 세계 대다수 국가들에서 **근대란 곧 베끼기에 다름아닙니다.** 동아시아에서 가장 신속하고 근사하게 근대사

회로 진입하는 데 성공했다고 자부하는 일본은 서구국가 가운데서도 특히 독일을 많이 베꼈고, 식민지 조선은 다시 일본을 통해 서양을 베꼈다. 후쿠자와 유키치(福澤諭吉, 1834~1901)의 탈아입구론(脫亞入歐論)이나 임화(林和, 1908~1953)의 이식문학론(移植文學論)158)은 바로 이 베끼기에 대한 테제화이자 정당화다. 베끼기는 모본(母本)이 있게 마련인바, 이 모본과 똑같아질 수는 없는 일이지만 모본을 흉내내고 닮아 가는 과정이다. 좋고 나쁘고를 떠나 이것이 베끼기의 본질이다.

하지만 최한기의 지적 시도는 베끼기는 아니다. 그의 근대기획에는 서적을 통해 접한 서양 사정이 적잖이 참조되었지만 그렇다고 그가 서양을 모본으로 설정하고 그에 맞추어 동아시아와 조선의 미래를 설계한 것은 아닌 까닭이다. 최한기의 문제설정은 오히려 기학이라는 새로운 학문을 통해 동서양을 융합하고 포괄하는 데 있었다. 그러므로 그에게 있어 서(西)와 동(東)은 **서로 취사(取捨)**하고 배워야 할 점들을 갖는 대상이지 어느 일방(一方)이 타방(他方)에 비해 우등하거나 어느 일방이 타방이 따라가야 할 모범은 결코 아니었다.159) 굳이 후쿠자와 유키치의 어법을 흉내낸다면 최한기의 입장은 **아구자재참호론**(亞歐自在參互論: 아시아와 유럽은 어느 한쪽이 다른 쪽으로 들어가지 말고 각기 그대로 있으면서 그 좋은 점을 서로 참조하도록 하자는 주장)160) 정도로 명명할 수 있을 터이다.

베끼기 시작할 때는 모를지라도 어느 정도 베끼고 나면 문득 정신이 들어 자기 자신을 되돌아보며 베끼는 행위의 득실을 따지는 때가 오게 마련이다. 지금이 과연 그런 때인지는 모르겠으나 만일 그런 때가 도래한다면 사람들은 혹 정색을 한 채 최한기의 '아구자재참호론'을 요모조모 따져 가며 음미하게 되지 않을까.

87 최한기와 후쿠자와 유키치를 한번 마주 세워 보자. 후쿠자와 유키치는 일본의 만 엔권 지폐에 찍혀 있는 그 초상화가 상징하듯 일본에서 근대 최고의 사상가로 칭송받는 인물이다. 후쿠자와는 최한기보다 서른한 살 아래다. 19세기 후반의 동아시아가 유례 없는 격변의 시기였음을 생각한다면 30년의 시간차란 전시대 백 년의 시간차보다 훨씬 큰 것일지 모른다. 두 인물을 비교할 때는 이런 점이 감안되어야 한다.

최한기는 1851년(49세)에 서울의 송현(松峴) 상동(尙洞: 남대문 부근의 한국은행 일대)으로 이주하여 당호(堂號)를 기화당(氣和堂)이라 하고 문생을 가르치는 긍업재(肯業齋)를 열었다. 1857년(55세)에 『지구전요』를 편찬하고 『기학』을 저술했으며, 1860년(58세)에 『인정』을 완성하고, 1868년(66세)에 『승순사무』(承順

事務)를 저술하였다. 1871년(69세) 신미양요(辛未洋擾) 때 강화유수 정기원(鄭岐源)이 자문을 구하며 대원군의 뜻을 전하면서 강화로 와줄 것을 청하는 서신을 보내왔으나 신병을 이유로 응하지 않았다. 그리고 일본과의 불평등 강화조약이 체결된 이듬해인 1877년(75세)에 타계하였다.161)

한편 후쿠자와 유키치는 1853년 페리 제독의 일본 내항(來航) 이후 난학(蘭學: 네덜란드학)과 영학(英學: 영국학)을 공부했으며, 1860년(27세)에 막부(幕府)의 견미사절(遣美使節)에 끼어 도미(渡美)하였다. 이듬해인 1861년 12월에 막부 견구사절(遣歐使節)의 수행원으로 참가하여 1년간 프랑스·영국·네덜란드·독일·러시아·포르투갈 등을 방문하여 국정을 시찰하고 책을 구입했으며, 1865년(32세)에 막부 군함수취(軍艦受取) 위원의 일행으로 다시 도미하였다. 1866년에 『서양사정』(西洋事情) 초편(初編)을 출판한바 이 책은 그후에 나온 외편(外編)과 이편(二編), 그리고 해적판까지 포함해 모두 20만 내지 25만 부가 팔렸다. 서양의 제도와 이념을 일본 국민들에게 소개한 이 책을 통해 후쿠자와는 유명 인물이 되었다. 메이지 원년인 1868년(35세)에 도쿄에 게이오 의숙(慶應義塾: 현 게이오 대학의 전신)을 열어 강의를 했으며, 이후 출판업에 뛰어들었다. 1872년에서 1876년 사이에 총 17편(編)으로 간행된 『학문을 권함』162)이라는 그의 저술은 해적판까지 포함해 삼백만 부쯤 팔린 당시 최고의 베스트 셀러였다. 1875년(42세)

에 『문명론의 개략』163)이라는 책을 출판해 문명과 진보를 역설했으며, 1882년(49세) 『시사신보』(時事新報)를 창간해 연일 사설을 집필하며 저널리스트로서의 면모를 발휘하였다. 그는 이 『시사신보』의 사설을 통해 이른바 조선문제에 지속적으로 관여했던바, 조선은 야만국이라느니,164) 조선은 그 인민을 위해 차라리 멸망하는 편이 낫다165)느니 하면서 일본의 국익에 입각해 사사건건 내정 간섭을 일삼았다. 그는 또한 김옥균 등 개화파를 원조했으며, 청일전쟁을 열렬히 지지하였다.166)

이상 두 사람의 행적을 간단히 대비한 데서도 드러나듯, 조선에 비해 훨씬 일찍부터 서양과 접촉했던 일본 열도의 사정을 반영해 후쿠자와는 최한기와 달리 서양에 대한 직접적인 견문을 토대로 그 문명을 소개, 전파하고 있다. 최한기가 기껏 중국에서 전해진 『해국도지』나 『영환지략』 등의 책을 통해 서양 사정을 이해했다면, 영어를 해독할 수 있었던 후쿠자와는 영어 원서로 서양을 이해하였다. 뿐만 아니라 일본은 막말의 시기부터 양서(洋書) 번역에 관심을 기울였던바, 메이지 10년대인 1880년 전후가 되면 많은 서양책들이 번역되기에 이른다. 그리하여 후쿠자와는 토크빌(Alexis de Tocqueville, 1805~1859)의 『미국 민주주의론』(*Da la démocratie en Amerique*), 휘턴(Henry Wheaton, 1785~

1848)의 『만국 공법』(Elements of International Law), 배젓(Walter Bagehot, 1826 ~1877)의 『영국 헌정론』(The English Constitution), 스펜서(Herbert Spencer, 1820~1903)의 『사회 정태론』(Social Statics), 기조(François Guizot, 1787~1874)의 『유럽 문명사』(Histoire de la civilisation en Europe), 밀(John Stuart Mill, 1806 ~1873)의 『자유론』(On Liberty) 등을 원서나 일본어 역서로 읽을 수 있었다.[167]

이처럼 최한기는 그 태어난 시기도 후쿠자와보다 30여 년 앞설 뿐 아니라 그 처한 지적·사회적 환경도 후쿠자와보다 훨씬 불리했다고 여겨진다. 이를 염두에 두면서 최한기와 후쿠자와의 사상행위가 보이는 몇 가지 두드러진 차이를 지적한다면 다음과 같다.

첫째, 최한기의 경우, 비록 그 저술행위 자체는 넓은 의미에서 계몽에 속하는 것이라 할지라도, 주요한 저술들이 간행되지 못함으로써 그 사상이 널리 알려지고 전파될 수 없었다. 이에 반해 후쿠자와는 자신의 저술을 간행할 수 있었고 또 스스로 출판업과 저널리즘에 종사함으로써 국민을 향한 적극적 계몽의 길에 나섰다. 그러므로 당대 사회에 끼친 영향력이라는 면에서 두 사람은 현격한 차이가 있다.

둘째, 최한기는 비록 문생(門生)의 교육을 위해 긍업재(肯業齋)를 운영하기는 했으나[168] 자신의 사상을 전파하고 실천하기 위해 적극적인 교육사업에 나

서지는 않았다. 이와 달리 후쿠자와는 게이오 의숙에서의 인재 양성을 통해 자신의 사상을 적극적으로 실천해 나갔다.

셋째, 최한기는 국가 간의 평화와 공존을 중시했으며 자국중심주의에 사로잡히지 않고 '나'와 '타자'가 함께 번영하는 길을 사상적으로 모색했으나, 후쿠자와는 자국중심주의에 입각해 적극적으로 국가주의 사상을 발전시켰다. 그리하여 후쿠자와는 안으로는 일본 인민의 인권을 말하면서도, 밖으로는 타자=타민족에 대한 지배와 침략을 노골적으로 정당화하는 이중성을 보였다. 이런 모순은 중국과 조선에 대한 그의 태도에서 잘 드러난다. 그는 자국의 이익을 위해서라면 전쟁과 침략도 불사해야 한다고 주장하였다. 이 점에서, 최한기의 사상이 **약강공생**(弱强共生)의 사상이라면 후쿠자와의 사상은 **약육강식**의 사상이다.

넷째, 최한기의 사상에서는 국가의 자주독립에 대한 요구보다 세계평화에 대한 요구가 제일의적인 데 반해, 후쿠자와의 사상에서는 '독립자존'이 그 핵심 키워드라고 할 수 있을 정도로 국가의 독립에 대한 요구가 강렬하다. 하지만 후쿠자와는 일본의 독립은 그토록 중시하고 강조하면서도 주변국의 독립을 존중하지는 않았다. 말하자면 자기가 살기 위해서는 남을 유린해도 좋다는 것이 후쿠자와의 사상이었다. 이 점에서 그의 사상은 실리주의와 현실주의의 면모는 강하나 인류가 공히 추구해야 할 보편적 가치와 이상을 담고 있지는 못하다. 어떤 의미에서 볼 때 후쿠자와는 서양 베끼기를 통해 습득한 논리구조와 정서적 태도, 곧 오리엔탈리즘을 고스란히 다시 아시아에 적용한 면이 있다. 이렇게 본다면 그의 사상은 최한기의 사상에 비해 영리함과 현실성은 비교할 수 없을 정도로 풍부할지 모르지만 독창성과 보편성은 비교할 수 없을 정도로 빈약하다고 할 수 있을 터이다.

다섯째, 최한기의 사상에서는 비록 인류의 진보에 대한 믿음이 피력되기는 하나 서양이 문명인 데 반해 기타 지역은 비문명 내지는 야만이라는 도식 같은 것이 결코 승인되고 있지 않다면, 후쿠자와의 사상에서는 서양은 문명이고 기타 지역은 반개(半開)=반(半)문명이든가 미개=야만이라는 도식이 승인된다. 그가 일본과 중국의 전쟁을 '문야(文野: 문명과 야만) 명암(明暗)의 전(戰)'이라고 규정한 것이나 『시사신보』의 사설을 통해 거듭거듭 조선을 야만국으로 타매한 것도 이에 연유한다. 그의 이런 사상은 서구 식민주의자의 사상을 그대로 베낀 것이다.

88

서구열강의 침략을 받거나 그 위협 아래 있던 19세기 동아시아 삼국에서는 그에 대한 몇 가지 대응방안이 제기되었다. 그 중 주목되는 논리로는 중국의 중체서용론(中體西用論)과 변법자강론(變法自强論), 일본의 화혼양재론(和魂洋才論)과 문명개화론, 조선의 위정척사론(衛正斥邪論)과 동도서기론(東道西器論)을 꼽을 수 있을 것이다.

중체서용론은 멀리 위원(魏源)의 『해국도지』에까지 소급될 수 있지만 직접적으로는 태평천국의 난(1851~1864)이 진압된 후 증국번(曾國藩, 1811~1872) 등에 의해 주도된 양무운동(洋務運動)에 관철된 논리를 지칭한다. 화혼양재론은 "동양의 도덕, 서양의 예술(藝術: 과학기술이라는 뜻)"[169]이라고 한 사쿠마 쇼잔(佐久間象山, 1811~1864)의 말에 그 원류가 보이지만, 막말(幕末)에서 메이지에 걸쳐 여러 인물에게서 이런 의식이 발견된다. 동도서기론은 조선의 개항을 전후해 제기된 논리로서, 어윤중(魚允中, 1848~1896)이라든가 박규수(朴珪壽, 1807~1876)의 제자인 김윤식(金允植, 1835~1922)과 같은 온건개화파 인사들이 이 입장을 취하였다.

중체서용론, 화혼양재론, 동도서기론은 모두 자국(自國)의 전통적 도덕관념이나 정치제도의 우월성을 견지하는 위에서 서양의 과학기술을 수용하고자 했다는 점에서 서로 비슷한 논리구조를 갖는다. 그러나 주로 병기 제작이나 그 운용의 측면에서 서양을 섭취하고자 한 데서 잘 드러나듯 중체서용론 등이 보여주는 서양문화에 대한 이해수준은 아주 천박한 것이었다. 그 점에서 이들 논리는 '자기' 쇄신에 있어 뚜렷한 한계를 갖는 것이었다.

변법자강론과 문명개화론은 이런 한계를 돌파하기 위해 제기되었다. 잘 알려져 있듯, 변법자강론을 대표하는 인물은 강유위와 양계초(梁啓超, 1873~1929)이고, 일본의 문명개화론을 대표하는 인물은 후쿠자와 유키치다. 청일전쟁 패배 후 중국은 커다란 충격에 휩싸였으며, 주로 서양의 군사기술을 섭취하는 데 목적을 둔 양무운동 방식으로는 서양(서양화한 일본)을 당할 수가 없다는 사실이 판명되면서 서양의 제도와 문화를 적극적으로 배우지 않으면 안된다는 반성이 제기되었던바 이것이 곧 무술변법(戊戌變法, 1898년)으로 나타났다. 무술변법은 일본의 메이지 유신을 모델로 삼은 것이었다. 한편 일본의 문명개화론은 시기적으로 중국의 변법자강론보다 앞서 제기되었다. 문명개화론은 화혼양재식의 절충적 서양 수용을 거부하고 서양근대문화와 제도의 전면적 수용이라는 입장을 취하였다. 화혼양재론 쪽에서 본다면 이는 '양혼양재'(洋魂洋才)라 할 만한 성격의 것이었다.

조선의 위정척사론은 최익현(崔益鉉, 1833~1906)의 주장에서 잘 드러나듯[170] 서양과 일본(최익현이 보기에 메이지유신 이후의 일본은 서양과 일체였다)을 금수로 간주했던바, 서양은 '도'(道)의 차원에서는 물론 '기'(器)의 차원에서도 배워서는 안되는 존재였다. 도와 기는 분리될 수 없음으로써였다. 동도서기론을 고려한다면 위정척사론은 '동도동기론'(東道東器論)인 셈이다.

이 몇 가지 입장에서 위정척사론이 한쪽 대극(對極)을 이룬다면 문명개화론은 그 반대편 대극을 이룬다고 할 수 있을 것이다. 나머지 입장들은 이 두 대극 사이에 위치한다 하겠는데, 중체서용론·화혼양재론·동도서기론이 그 중간쯤이라면, 변법자강론은 문명개화론 쪽 대극으로 껑충 다가간 것일 터이다.

89 상식에 속할 이런 이야기를 길게 늘어 놓은 이유는, 이같은 19세기 동아시아의 담론 지형(談論地形) 속에서 최한기의 입장이 어디쯤에 위치하는가를 정확히 가늠해 보기 위해서다. 우선 최한기는, 서(西)는 과학기술이 앞서 있으니 동(東)이 그것을 수용해야 한다, 그러나 동(東)은 그 인륜성에 있어서는 뛰어나다, 이렇게 말한 점에서는 동도서기론자적인 면모가 있는 것 같기도 하다. 하지만 유의하지 않으면 안될 점은, 최한기는 '동'만이 인륜성을 갖는 것이 아니라 '서' 역시 '동'과 대동소이한 인륜성을 갖는다는 점을 단호한 어조로 승인하고 있다는 사실이다.171) 말하자면 최한기는 동서(東西)가 그 추구하는바 **인륜성**에 있어 큰 차이가 없으며 보편성을 갖는다고 본 것이다. 뿐만 아니라 최한

기의 기학은 그 원리상 도(道)·기(器)의 분리를 알지 못한다. 하늘과 도(道)를 포함해 모든 것은 기(器), 즉 운화기일 따름인 것이다. 이 때문에 최한기의 사유체계에서는 '서'(西)가 가지고 있는 법(法), 제도, 정교(政敎)상의 장점을 취하거나 수용하는 것을 막는 어떠한 이론적 장애물도 존재하지 않는다. 도대체가 최한기는 '동'의 입장에서 '서'를 깔보지 않았고, '서'의 입장에서 '동'을 모멸적으로 보지도 않았다. '동'과 '서'가 상대적으로 갖고 있는 장점을 각각 인정하면서 크게는 둘을 평등하게 보았던 것이다. 이런 점에서 보면 최한기는 결코 동도서기론자로 규정될 수 없다. 적어도 동도서기론자려면 도(道)의 측면에서 '동'의 절대 우위를 승인해야 하고, 따라서 '서'에 대한 어떤 정신적 모멸의 감정이 전제되지 않으면 안되기 때문이다.

    서양의 기기(器機)와 과학만이 아니라 그 좋은 법제도 취할 필요가 있다고 본 점에서 최한기의 입장은 오히려 변법자강론에 가깝게 느껴지기도 한다. 하지만 변법자강론은 서양에 대한 강박관념하에 마침내 적극적으로 서양 베끼기를 시도한 것이라는 점에서, 그리하여 그것이 지향한 바가 **부국강병적 근대화**였다는 점에서 최한기의 입장과는 상당한 차이가 있다. 최한기는, 동과 서가 각각 그 장점을 살리고 또 필요하면 서로의 좋은 점을 갖다 쓰거나 참조하면서(다시 말해 어느 한쪽이 다른 한쪽을 무조건 따라가는 방식이 아니라) 동과 서 공히 치민안민(治民安民)에 힘써 그 인민을 편안하고 잘살게 만드는 것, 이것이야말로 세계 각국이 추구해야 할 도리라고 보았다. 그것은, 비록 그 출발은 자기방어적인 것이라 할지라도 필경 약육강식의 논리에 함몰될 수밖에 없는 저 부국강병적 근대화론과는 한참 거리가 먼 것이며, 어디까지나 평화롭고 우호적인 세계를 염두에 둔 구상인 것이다.

 이 점에서 최한기의 구상은 1860년대를 전후해 일본에서 제기된 문명개화론과는 더욱더 화해하기 어려운 관계에 있다고 판단된다. 최한기와 달리 후쿠자와 유키치의 문명개화론에서는, 서구와 아시아가 대등한 관계 속에 놓이는 (혹은 놓여야 하는) 것이 아니라 아시아는 부정되고 서구(서구적 가치)가 절대화되기 때문이다. 따라서 후쿠자와에게 있어 서구란 전면적으로 배우고 베껴야 할 대상=모델이다. 그가 보기에 일본이 아시아의 다른 국가보다 우월한 것도 일본이 보다 서구화된 때문에 다름아니며, 문명과 야만은 서구화의 여부와 정도에 따라 결정될 뿐이다. 그리하여 후쿠자와는 유교의 인륜성을 비롯해 일체의 유교적 가치를 통척(痛斥)하였다.

 만일 동도서기론이라는 용어에 빗대어 최한기의 입장을 형용하는 일이 허용된다고 한다면 그것은 **동서도기취사론**(東西道器取捨論)이나 **동서도기참호론**(東西道器參互論) 정도로 표현될 수 있으리라. 동서도기취사론은 위정척사론과 대립됨은 물론이려니와, 동도서기론이나 변법자강론과 부분적인 유사점을 가지기는 하나 근본적으론 다르며, 문명개화론과도 분명한 대립각을 갖는다. 요컨대 최한기의 동서취사론은, 19세기 동아시아의 사상적 지형 속에서 발견되는 유사한 담론들의 그 어떤 것과도 구조나 지향에 있어 같지 않다.

90 후쿠자와 유키치는 철두철미한 리얼리스트였다. 그는 현실정치와 국제관계를 냉철히 직시하면서 항상 국가이익을 궁극적 판단근거로 삼아 일본이 나아가야 할 방향을 제시하였다. 그러므로 정치학에 있어서 리얼리즘을 신봉하는 학자라면 후쿠자와의 이런 면모를 들어 그를 아주 탁월한 인물로 평가할지 모른다. 하지만 정치적 리얼리즘의 견지에서 최한기가 보여준 뚜렷한 한계와는 정반대로 후쿠자와는 인류적 보편성과 이상의 추구라는 점에서 뚜렷한 한계를 보여준다.

후쿠자와는 남에 대한 침략을 정당화하면서까지 열을 올려 일본의 이익과 독립을 옹호했다는 점에서 일본인들에게는 참 고맙고 멋있는 사상가로 여겨질지 몰라도, 타자에 대한 배려와 인류의 미래를 향한 이념이 통 결여된 사상을 전개했다는 점에서 세계적 사상가는 못 된다. 아니 세계적이기는커녕 그의 사상은 고작 일본 열도 내에서나 통할 뿐 아시아권에서도 통용되기 어렵다. 적어도 지금의 관점에서 보면 그렇다. 그렇다면 19세기 후반의 동아시아에서 사상 행위를 한 인물 가운데 최한기와 짝할 만큼 스케일이 웅장하면서 인류사적 견지에서도 주목되는 사상가는 없었던가? 나는 그런 인물로 강유위를 주목한다. 그러므로 여기서 간단히나마 최한기의 저술과 강유위의 대표작인 『대동서』(大同書)를 비교해 볼 필요를 느낀다.

91   최한기와 강유위는 모두 '대동'이라는 말을 중요한 사상적 키워드로 사용하였다. 그런데 이 말은 원래 『예기』(禮記)의 한 편(篇)인 「예운」(禮運)에서 유래한다. 그러므로 '대동'이라는 말이 갖는 뉘앙스를 정확히 알기 위해서는 「예운」의 관련 대목을 직접 들여다볼 필요가 있다.

옛날에 공자가 노(魯)나라 사제(蜡祭: 12월에 지내던, 萬物의 神에 대한 合祭)에 참예하여 그 의례를 도왔는데 일을 마친 후 관(觀: 성문 위에 세운 건물)으로 나와 탄식하였다. 공자는 노나라를 탄식한 것이었다. 언언(言偃: 공자의 10대 제자의 한 사람인 子游)이 곁에 있다가 여쭈었다.

"군자께서는 무엇을 탄식하십니까?"

공자가 말했다.

"대도(大道)가 행해진 일과 삼대(三代: 夏·殷·周 세 왕조)의 어진 인물들을 내가 직접 보지는 못했으나 그에 관한 기록은 남아 있지.

대도가 행해지자 천하를 공공(公共)의 것으로 생각하여 어질고 유능한 자들을 뽑았으며, 성신(誠信)을 익히고 화목함을 닦았지. 그러므로 사람들은 자기 어버이만을 어버이로 섬기는 일이 없었으며, 또한 자기 자식만을 자식으로 여기지 않았다네. 늙은이로 하여금 그 생을 편안히 마칠 수 있게 하였고, 젊은이로 하여금 그 쓰일 곳이 있게 하였으며, 어린이로 하여금 의지하여 성장하는 곳이 있게 하고, 홀로 된 할아버지나 할머니, 부모 없는 어린이, 늙고 자식 없는 사람, 몸이 성치 못한 사람 들로 하여금 모두 부양받을 수 있게 했으며, 남자는 직분이 있고 여자는 시집가서 살 곳이 있었지. 재화가 땅에 버려지는 것을 미워하긴 해도 꼭 사사로이 감춰 두지는 않았으며, 힘쓰지 않는 것을 미워하긴 해도 꼭 자기만을 위해 힘쓰지는 않았네. 그러므로 간사한 꾀를 부리는 자가 없었고, 도둑이나 세상을 어지럽히는 무리가 생기지 않았지. 이 때문에 바깥 대문을 닫는 일이 없었다네. 이런 세상을 일러 대동(大同)이라 한다네.

지금은 대도가 사라져 천하를 사사로운 집으로 생각하므로 각자 자기 어버이만을 친애하며, 각자 자기 자식만을 자식으로 여기고, 재화와 힘은 자기만을 위해 쓰지. 천자와 제후는 세습하는 일을 예(禮)로 여기며, 성곽과 해자를 견고하게 만든다네. 예의로써 기강을 삼아, 임금과 신하의 분수를 바로잡고, 부자(父子) 사이를 돈독하게 하며, 형제를 화목하게 하고, 부부 사이를 화합하게 한다네. 또 제도를 두어 밭과 고을을 정하고, 용기와 꾀바름을 훌륭하다고 여기며, 공(功)을 자기의 것으로 삼는다네. 그러므로, 계략이 이 때문에 나타나고, 전쟁이 이로 말미암아 일어난다네. 우임금, 탕임금, 문왕, 무왕, 성왕, 주공은 이런 연유로 빼어난 것일세. 이 여섯 군자는 모두 삼가 예(禮)를 받들었네. 그리하여 의(義)를 드러내고, 신(信)을 이루며, 과실을 밝히고, 인(仁)을 본받으며, 겸양을 익혀 백성들에게 상도(常道)가 있음을 보여주었네. 만일 이에 따르지 않는 자가 있으면 권세가 있는 자라도 내쫓았으므로, 백성들이 재앙으로 여겼네. 이런 세상을 소강(小康)이라고 한다네." [172]

여기서 보듯 「예운」편은 '대동'과 '소강'을 대비시키고 있는바, '대동'이 무사공평(無私公平)과 평등박애의 세상이라면, '소강'은 사유(私有)와 이기(利己), 예교(禮敎)에 의해 지배되는 세상으로 그려진다. 그러므로 한대(漢代) 유학자 정현(鄭玄, 127~200)은 '대동'의 '동'을 '화'(化)와 '평'(平)의 뜻으로 풀이했으며, '소강'의 '강'을 '안'(安)의 뜻으로 풀이하였다. 한편 '소강'(=소안)이라고 한 까닭은, 잘못하면 장차 전쟁과 난리가 일어날 수 있기 때문이라고 풀이하였다. [173]

『대동서』의 또다른 중요한 사상적 원천은 공양학(公羊學)이다. 공자가 편찬했다는 역사서인 『춘추』에는 고대 이래 세 개의 주요한 해석서가 있었으니, 『춘추좌전』, 『춘추곡량전』, 『춘추공양전』이 그것이다. 그런데 청나라 함풍(咸豊)·동치(同治) 연간(1851~1874)에 『춘추공양전』의 주의·주장을 받드는 학파가 강소(江蘇)·절강(浙江) 지방을 중심으로 일어났던바 이를 공양학파라고 한다. 이 학파는 장존여(莊存與)에 의해 창시되어 그 외손 유봉록(劉逢祿)에 의해 계승되고, 송상봉(宋翔鳳)·위원(魏源)174)·공자진(龔自珍) 및 그 문하의 요평(廖平), 요평 문하의 강유위·양계초·담사동(譚嗣同) 등으로 이어져 갔는데, 강유위는 그 대성자였다. 공양학파는 이른바 삼세설(三世說)이란 걸 주장하였다. '삼세'란 난세(亂世)·승평세(升平世)·태평세(太平世)를 말하는데, 역사는 난세에서 승평세로, 승평세에서 태평세로 옮아간다는 것이 삼세설의 요지였다. 강유위는 『예기』의 대동·소강설에 이 삼세설을 결합시켜 대동=태평세를 인류가 장차 추구해야 할 이상으로 설정한 것이다.

하지만 『대동서』는 중국의 전통사상에만 원천을 두고 있지 않다. 강유위는 당시 중국에서 역출(譯出)된 서양의 각종 사회과학 서적들을 두루 섭렵했기에 『대동서』를 집필할 수 있었다.

『대동서』의 초고는 강유위의 나이 스물일곱 살 때인 1884년에 씌어진 것으로 알려져 있다. 조선에서 갑신정변이 일어난 바로 그 해다. 강유위는 이 『대동서』에서 가족제도와 국가를 없애야 한다고 했으며, 모든 인간은 평등한바 남녀의 불평등과 차별을 시정해야 한다고 역설하였다. 그리하여 군대와 결혼제도의 철폐를 주장하였다. 또한 그는 사적(私的) 소유의 철폐를 주장했으며 육아, 교육, 의료, 산업 등 사회의 전 부문을 공공화(公共化)할 것을 주장하였다. 그의 이런 주장은 한편으로는 무정부주의적이고 다른 한편으로는 공상적 사회주의에 가깝다.

92 그렇다면 최한기의 사상과 『대동서』 사이에는 별로 유사점이 없는 것일까? 그렇지는 않다. 『대동서』는 서구의 최신 근대사상을 두루 소화한 위에서 집필되었기에 역사적 견지에서 본다면 최한기의 사상과 비교하기 어려울 정도로 앞으로 성큼 나아간 점이 인정되기는 하지만 그럼에도 『대동서』의 가장 밑바닥에서 이 책을 떠받치고 있는 사상의 내용이라든가 지향은 최한기의 사상과 유사하거나 부분적으로 일치한다.

『대동서』의 기축(基軸)을 이루는 존재론은 다음과 같다.

크고 큰 원기(元氣)가 천지를 만들었으니 하늘은 일개 물(物)의 혼질(魂質)이고 사람 또한 일개 물(物)의 혼질이다. 비록 형체에는 크고 작음이 있으나 태원(太元)에서 호기(浩氣)를 나누어 받았다는 것은 큰 바다에서 한 방울의 물방울을 떠낸 것이나 다름없다. 공자는 말하기를, "땅은 신기(神氣)로 가득한데, 신기란 바람과 번개다. 바람과 번개에 만물이 형체를 갖추어 생겨난다"라고 하였다. 신(神)이란 지각이 있는 전기(電氣)와 같다. 빛과 전기는 갈 수 없는 데가 없고, 신기는 감응하지 않는 곳이 없다. 신귀(神鬼)와 신제(神帝)가 하늘과 땅을 낳았는데, 천지 사이의 물(物)들은 어떤 것은 신(神)을 온전히 받고 어떤 것은 신(神)을 온전히 받지 못했거늘, 온전히 받은 인간이 그래서 만물의 으뜸이다. 미묘하도다, 신이 감응함이여! 물(物)이 없으면 전기도 없고, 물(物)이 없으면 신도 없다. 무릇 신이란 지기(知氣: 지각이 있는 기)며, 혼지(魂知: 혼과 지각)며, 정상(精爽: 혼령)이며, 영명(靈明: 신령하고 밝음. 정신을 일컫는 말)이며, 명덕(明德: 밝은 덕. 마음을 일컫는 말)이니, 이것들은 이름은 다르나 실체는 같다.175)

여기서 보듯 『대동서』의 근저에는 기철학이 있다. 이에 의하면, 모든 존재의 근거는 원기(元氣)다. 그것은 신(神)이라고도 불리고, 신기(神氣)라고도 불리며, 신귀(神鬼)나 신제(神帝), 지기(知氣)나 혼지(魂知)라고도 불리지만, 실체는 한 가지다. 이 원기 혹은 신기는 이 세계와 만물의 궁극적 원인이다.

『대동서』가 세계의 모든 인간은 평등하다고 하고, 더 나아가 "하늘이 만물을 냈으니 사람과 물(物)은 모두 동기(同氣)다. 그러므로 생명체는 모두 평등하다"[176]며, 사람과 사람, 사람과 물(物)의 근원적 평등을 주장한 배경에는 바로 이 기철학적 존재론이 자리하고 있다.

『대동서』의 전제가 되고 있는 이 존재론은 최한기의 기학적 존재론과 동질적이다. 이 때문에 둘은 다 같이 세계 인민에 대해 사해동포적 관점을 취하면서[177] 평화와 공영(共榮)의 이상을 제기할 수 있었다.

93 앞서 지적했듯 최한기는 인간의 사회적 평등이라든가 남녀평등이라든가 개인의 자유에 대해서는 아직 사유하고 있지 못하다. 뿐만 아니라 국가주권이나 국제법에 대한 자각도 보여주지 않는다. 이와 달리 『대동서』는 천부인권, 인간이 억압과 압제를 받지 않을 권리, 평등을 누릴 권리, 개인의 자유 등등에 대해 명확한 개념적 사유를 보여준다. 또한 사유재산, 사회계급, 경쟁, 진보, 전제(專制), 민권, 문명, 야만, 주권, 국제공법(=국제법) 등의 단어를 구사하면서 그에 대한 사회과학적 이해를 보여준다. 당연한 이야기지만 이런 점에 있어서 『대동서』는 최한기의 사유에 비해 역사적 근대의 맥락 속으로 훨씬 깊숙

이 들어와 있다. 이는 궁극적으로 서양근대사상의 영향에 기인한다. 이 점을 고려한다면 『대동서』는 동아시아에서 서양 베끼기―그 좋고 나쁘고를 떠나―가 한층 진전된 단계의 산물이라 할 수 있을 터이다.

이렇듯 『대동서』는 최한기의 사유에 비해 훨씬 나아간 면모를 보여주고 있기는 하나 그럼에도 몇 가지 약점이나 모순점을 보여준다는 사실을 간과할 수 없다. 이 약점이나 모순점에 대한 논의는 최한기 사상의 어떤 특징을 다시 한 번 상대적으로 드러내거나 분명히 하는 데 도움이 된다.

『대동서』는 우선 '야만/문명'의 대립항에 따라 사회와 문화를 파악한다. 야만이 타기(唾棄)의 대상이고 문명이 추구의 대상임은 물론이다. 한편 '야만' 내지 '오랑캐'가 비서구지역이나 중국 역외(域外)를 가리킨다면 '문명'은 서구나 중화(中華)와 관련된다. 이 점에서 『대동서』에는 서구주의 및 중화주의의 시각이 상당 부분 확인된다.

『대동서』는 기본적으로 서구적 기준으로 문명을 이해한다. 그에 따라 청결함과 깨끗함, 위생과 소독, 기계의 발달 등이 문명의 중요한 징표로 간주되며, 비위생적이거나 더럽거나 누추한 것은 야만을 표징한다. 청결, 위생, 소독을 강조하는 이런 관점에는 문명=서구문명은 좋은 것이고 야만=비서구문명은 나쁜 것인바, 후자는 박멸되거나 소거되어야 한다는 뉘앙스가 전제되어 있다.

『대동서』의 이런 관점은 특히 **깨끗함 컴플렉스**와 **흰색 컴플렉스**로 구체화된다. 예컨대 다음 진술에서 이 점이 잘 확인된다.

(1) 새나 짐승은 온몸이 털로 덮여 있고 야만인도 몸에 털이 많지만 문명인은 머리털을 깎는다. 태평세(太平世)의 사람은 가장 문명화되었으므로 터럭 하나까지 모두 뽑아 버려 몸을 **깨끗**하게 한다.[178]

(2) 짐승과 돼지가 몹시 더럽다는 건 말할 나위도 없지만 야만인 또한 매우 더럽다. 얼굴에 때가 끼고, 입에서 냄새가 나며, 땅에 누워 오줌을 누고, 싸놓은 똥이 사람의 코를 찌른다. (…) 추악하고 어지러움은 더러운 것이고, 문명은 빛나고 **깨끗**한 것이다.[179]

(3) 태평세에 사는 사람들의 얼굴은 모두 단정하고 고우며, 구슬처럼 **깨끗하고 희다**.[180]

그러므로 이런 관점에는 오리엔탈리즘 내지는 식민주의적 인종주의가 침투해 있다고 할 수 있다. 『대동서』는 비록 경쟁을 부추긴다고 하여 다원주의를 비판하고 있음[181]에도 불구하고 스펜서(Herbert Spencer)류의 사회진화론을 내면화하고 있다. 그리하여 백인종을 가장 진화되고 우등한 인종으로, 흑인종을 가장 열등한 인종으로 간주한다. 흑인종은 "지극히 어리석고 우둔한"[182]바, 이런 "하찮은 흑인의 나쁜 종자들이 우리 좋은 종자들을 어지럽히고 퇴화하게 하도록 내버려 둘 수는 없다".[183] 이런 인종적 차별과 편견은, 한편으로 우스꽝스럽지만 다른 한편으로 지극히 위험해 보이는 인종도태 방안의 강구로 이어진다. 즉 결혼과 양생(養生) 등의 방법을 총동원해 흑인종을 먼저 갈색인종으로 개량한 다음, 갈색인종을 다시 황인종으로 개량하며, 그런 후 황인종을 다시 백인종으로 개량한다는 것이 그런 방안의 골자다. 이렇게 하면 "아프리카의 특별히 검은 흑인들은 수백 년 내에 인도의 흑인으로 진화할 수 있고 인도의 흑인은 수백 년 내에 갈색인종이 될 수 있어, 2, 3백 년이 못 되어 다시 황인종으로 진화하고 그러고 나서 백수십 년도 못 되어 백인으로 변할 수 있을 것"[184]인바, "빠르면 칠백 년, 늦어도 천 년 내에 흑인은 모두 백인이 될 수 있을 것"[185]으로 전망하고 있다.

이와 달리 최한기는 각 인종이 보여주는 피부색의 차이에 대해 이런 입장을 취하였다.

각국의 정교(政敎)와 운화는 그 풍토와 속상(俗尙)에 말미암는바 사람을 헤아리는 데도 조금씩 다른 점이 있다. 홍모국(紅毛國: 서양국 즉 백인국가)에서는 붉은 털이 천한 것이 되지 않으며, 흑인의 나라에서는 검은 얼굴이 꼭 추한 모습이 아니다.[186]

지금까지의 논의를 통해 알 수 있듯, 『대동서』는 기철학적 존재론에 입각해 인류가 평등하다는 입장에서 출발하고 있으면서도 그 구체적 내용에 있어서는 인종적·우생학적(優生學的)[187] 편견과 차별을 개진하고 있어 심각한 모순과 괴리를 보여준다. 그런데 문명/야만, 깨끗함/더러움, 흰 것/검은 것, 미화(美化)/박멸의 대립적 구조는 여기서 그치지 않고 그 외연을 더욱 확대해 나간다. 그리하여 언청이 등 오관(五官)에 병이 있거나 폐결핵에 걸려 신체가 완전하지 못한 사람은 성관계를 갖지 못하게 해서 종자를 도태시켜 버려야 하며,[188] 지구상의 짐승 중에 사납고 인간의 생명을 위협하는 동물은 멸종시켜야 한다는 주장을 전개하고 있다.[189] 또한 짐승과 인간의 조상이 같기는 해도 대동세(大同世)에서는 둘 중 재주와 지혜가 조금 아래인 쪽이 전멸하게 되어 있으니 이는 진화에 있어 우수한 종자가 남고 열등한 종자가 멸한다는 원리가 그대로 실현되기 때문이라고 했다.[190] 요컨대 『대동서』는 표면적으로는 진화론을 비판하면서도 기실은 진화론을 수용하여 강자(强者)·우자(優者)의 생존과 약자(弱者)·열자(劣者)의 도태를 정당화하는 입장을 취하고 있는 셈이다. 『대동서』가 궁극적으로 국가의 철폐를 주장하고 있음에도 불구하고 당대의 식민주의에 대한 반대와 항의를 제기하지 않고 일국(一國)에 의한 타국의 병탄(倂呑)을 시인하면서 몇몇 강대국 중심으로 세계질서를 재편해야 한다고 주장한 것[191] 역시 적자생존·약육강식의 논리인 다위니즘(Darwinism)의 수용과 무관하지 않다고 생각된다.

『대동서』는 이처럼 주로 서구백인의 관점에서 문명을 보고 있지만 그와 동시에 중화주의적 관점 역시 다소간 확인된다. 가령 중국 역외(域外)의 오랑캐를 거론한다든가, 중국문자의 우수성을 거론한다든가, 한무제(漢武帝)·당태종(唐太宗)처럼 전쟁을 일으켜 중국 주변 국가들을 침략한 전제군주들에 대해, "이들은 중국의 문명을 아시아에 파급시켰으니 민권을 제창한 나폴레옹처럼 후세에 공이 있는 제왕들"192)이라고 평가한 따위가 그런 예다. 요컨대 『대동서』는 중화주의적 관점을 완전히 청산하지 못하고 있다.

94 최한기와 강유위는 둘 다 서양의 과학기술 및 그 기반 위에서 전개될 문명의 미래를 낙관했으며 인류의 진보를 확신하였다. 하지만 두 사람이 설계한 문명의 대강(大綱)은 썩 다르다. 최한기는 동서문명 어느 일방의 우위를 인정하지 않았기에 동서문명이 각각 서로 취사(取捨)하고 절중(折中)193)하면서 자신을 발전시켜 갈 것을 기대하고 있었다. 그것은 어느 한쪽이 모범이 되고 다른 한쪽이 무조건 그 모범을 따르는 그런 관계가 아니라, 둘 다 모두 존재의의가 인정되고 둘 다 모두 서로가 지닌 장점을 참조하고 배우는 그런 관계였

다.[194] 이에 반해 강유위는 주로 서구의 관점에서 문명을 파악했기에 '문명/야만'과 '우/열'이라는 차등을 설정했으며, 열등한 야만=비서구문명은 소거되든가 그 반대의 것인 우등한 문명=서구문명으로 개량되지 않으면 안된다고 보았다. 이런 관점에는 사회적 다원주의가 침투되어 있으며, 그 결과 식민주의 내지 제국주의의 논리를 내면화한 측면이 없지 않다.

한편 최한기는 기학의 논리체계를 통해 화이론적 세계관을 완전히 극복했고 이에 따라 '만'(蠻)이니 '이'(夷)니 하는 말을 사용하지 않았다. 지구상의 제 민족과 국가는 비록 풍속과 정교(政敎)는 다를지언정 저마다 치민안민(治民安民)에 힘쓰고 통민운화를 승순하게 마련이라는 점에서는 모두 다 같다고 본 것이다. 가령 최한기는 어떤 나라에서는 일부일처제를 따르고 어떤 나라에서는 일처다부제(一妻多夫制)를 따르며 또 어떤 나라에서는 축첩제를 두는 등 그 풍속이 상이하지만 꼭 어느 하나가 옳은 것은 아니며 각국의 형편에 따른 차이임을 인정해야 한다고 보았다.[195] 여성의 입장을 고려하지 않았다는 점에서 최한기의 이런 생각은 오늘날 비판받을 수도 있지만, 다만 여기서 주목하고 싶은 점은 최한기가 일종의 **문화상대주의적 입장**을 취하고 있다는 사실이다.[196] 최한기는 필경 기학으로부터 도출해 낸 문화상대주의를 통해 '문명/야만'이라는 차등적 대립의 도식을 원천적으로 차단할 수 있었던 셈이다. 이에 반해 강유위는 재래의 화이론을 완전히 청산하지 못한 채 그것을 서구중심주의와 적당히 섞어 놓고 있다고 판단된다. 그 결과 서구중심주의에 따른 '문명/야만론'은 다분히 신판 화이론의 면모를 띠게 된다.

화이론이든 서구중심주의든 배타적 자기중심주의라는 점에서 동질적이고 보면 강유위의 사상은 이 **자기중심성이라는 꼭지**를 완전히 떼지 못했다는 데서 최한기의 사상과 본질적으로 구별된다. 이는 강유위가 최한기의 사후(死後) 동아시아에 일시 횡행한 다위니즘에 침윤되어서만이 아니라 전통적으로 대국주의 의식에 사로잡혀 온 중국의 사상풍토에 규정된 탓도 있는 게 아닌가 의심된다. 어쩌면 후자의 요인 때문에 강유위는 당대의 식민주의와 철저히 대결하기는커녕 약소국의 병합과 강대국 중심의 세계 재편이라는 그의 구상이 보여주듯 식민주의의 현실적 승인으로 나아가는 한편, 인종주의를 그토록 쉽사리 정당화할 수 있었을지 모른다.

최한기와 강유위의 사상은 자연에 대한 태도에서도 상이점이 발견된다. 두 사람은 인간과 물(物)이 다 같이 하늘의 기(氣)를 받았기에 동등하다고 본 점에서는 일치한다. 하지만 최한기가 인간에 의한 자연지배가 아니라 자연의 섭리에 대한 인간의 승순을 강조했다면, 강유위는 반대로 인간중심주의적 입장에 서서 자연을 인간의 밑으로 끌어내려 인간에 복속시키고자 하는 입장을 취하고 있다.197) 강유위의 이런 자연관은 가령 베이컨(Francis Bacon)의 다음과 같은 언명, 즉 "자연은 인간에게 봉사해야 하고", "인간의 노예"198)가 되어야 한다는 언명에서 선연히 확인되는 서구의 근대적 자연관에 다가가 있다.

또한 최한기가 성인(聖人)을 존중하면서도 궁극적으로는 성인보다 대기운화를 더 높은 심급(審級)의 준적으로 설정한 데 반해, 강유위는 대동설(大同說)과 삼세설(三世說)의 인거(引據)에서 볼 수 있듯 자기 이론의 주요한 골격을 공자의 교리에서 끌어오고 있다. 그러므로 훗날 강유위가 보수화하면서 공자를 종교적으로 우상화한 공자교(孔子敎)의 주창으로 나아가게 되는 계기 역시 여기서 찾을 수 있다.

95 강유위는 『대동서』에서 시대의 조류를 수용하여 천부인권, 인간의 사회적 평등, 자유 등의 개념과 관련해 커다란 사유의 진전을 이룩했으며 이는 인류의 보편적 가치를 확인하거나 확장한 의의를 갖는다.199) 그러나 문명, 민족, 인종 등에 대한 관점은 대체로 서구 식민주의의 입장을 탈피하지 못했다는 뚜렷한 한계를 보여준다. 이에서는 평등의 개념이 관철되는 것이 아니라 거꾸로 **차별**이 확인될 뿐이다. 강유위에 비해 한 세대 앞의 인물인 최한기는 이와

달리 전자에 있어서는 별다른 개념적 자각을 보여주지 않지만 후자에 있어서는 시종일관 평등의 개념을 관철하고 있다. 두 인물의 이런 차이와 관련해 다음의 한두 가지 점이 음미될 필요가 있다.

첫째, 최한기가 평등의 개념을 전 지구적 차원에서, 다시 말해 인종과 국가를 막론하고 세계적인 레벨에서 관철할 수 있었던 것은 기학이라는 그의 견고한 학문체계 덕이다.[200] 최한기가 관념한 '운화기'란 세계의 모든 인민, 모든 종족, 모든 국가에 똑같이 관철되는 개념이었던 것이다. 그의 사상은 바로 이 **운화기에서 출발해 운화기로 끝나는 구조**라고 해도 지나치지 않다. 이와 달리 강유위의 기철학은 비록 그것이 『대동서』의 근저를 이루고 있다고는 하나 극히 단편적(斷片的)으로 제시되고 있을 뿐 하나의 체계로까지 구축된 것은 아니었다. 이 때문에 그것은 총론을 넘어 각론에까지 힘있게 관철되기 어려웠다. 각론에서 오히려 사회적 다원주의가 힘을 발휘하면서 인종적·문명적 차별이 정당화되고 만 것은 이런 각도에서 설명될 수 있다.

둘째, 최한기의 사상에서는 자기중심성이 강조되지 않는다. 최한기는 도리어 "주아지병"(主我之病),[201] 즉 '나'를 강조하는 병폐를 경계하였다. 최한기는, 운화기라는 궁극적 표준에 의해 담보되는 객관세계를 중시해야 하며 주관은 거기에 자신을 맞추어 나가지 않으면 안된다고 생각했다. 이 때문에 최한기의 사유 공간에서는 주체―좀더 정확히 말한다면 서구적 근대주체―의 개념이 사유되기 어려웠다. 최한기에게는 운화기라는 객체=객관적 실체가 제일의적이었고, 게다가 운화기는 주객체의 대립이 아니라 주객체의 조화와 상호침투를 상정하고 있음으로써다. 최한기가, 서구적 근대주체의 개념으로부터 도출되는 자유라든가 인권이라든가 주권이라든가 하는 개념들의 사유로 나아가지 못한 데에는 이런 사정이 작용하고 있다고 여겨진다. 이와 달리 강유위는 썩 가벼운 몸으로 서구근대사상을 수용하고 그에 대해 사유하고 있다. 이는 그가 최한기처럼 삼라만상의 안팎에 속속들이 관철되는 어떤 견고한 체계를 갖고 있지 않았기에 가능했다. 개인의 '자주지권'(自主之權)과 '자유지리'(自由之理)를 강조하고 있는 강유위에게서는 서구근대적 의미의 '주체'가 이미 상정되고 있다. 그런데 주목해야 할 점은, 이 주체는 **내부**에서는 제대로 작동하는 것처럼 보일지라도[202] **외부**를 향해서는 심각한 문제를 일으킨다는 사실이다. 즉 하나의 시민사회, 특정한 국민국가 내부에서는 주체 개념에 바탕을 둔 자유나 인권이 그런대로 주장되고 관철되어 나갈지라도, 하나의 시민사회 밖, 특정한 국민국가 밖으로 나가면 이 주체 개념은 어느새 폭력과 지배와 억압으로 화한다는 사실이다. 이 점에서 이 주체는 이중적이며 모순적이다. 강유위가 상정하고 있는 주체의 개념이 보여주는 이 이중성은 기실 서구의 근대주체에 담지된 이중성의 이월이다. 바로 이 지점에서 우리는 다시 최한기와 대면해야 한다.

앞서 지적했듯 최한기가 사유한 '나'〔我〕는, 나와 물(物: 타자)의 대립이 아니라 '나'와 '물'(타자)의 조화로운 관계를 중시한다. 이런 입장에선 '나'를 위한 강렬한 요구라든가 배타적 주장이 제기되기도 어렵지만 그 대신 타자에 대한 폭력이나 유린이 행사되지도 않는다. 최한기의 사유에 전제되고 있는 이런 '나'도 하나의 주체의 양태로 간주될 수 있다면 이 주체는 저 주체와 어떻게 다른가? 이 주체는 마냥 못나고 덜떨어지고 열등하기만 한 것인가? 아니면 저 주체와 마찬가지로 한계만이 아니라 어떤 진보적 의의도 동시에 갖고 있는 것인가?

셋째, 강유위의 사상은 가령 그 속에 다위니즘이 들어와 있고 천부인권설이 들어와 있고 근대적 민주주의의 개념이 들어와 있다는 그런 디테일의 차원에서만이 아니라 주체의 모순이 고스란히 모사(模寫)되고 있다는 그 점에서도 근대 베끼기가 한층 진전된 양상을 보여준다. 이 경우 근대 베끼기는 꼭 부정적 함의만을 갖는 것은 아니다. 그 중에는 인류가 함께 공유하고 발전시켜 나가야 할 가치도 적지 않기 때문이다. 그렇기는 하지만 근대 베끼기에는 모순과 부정성이 꼭 함께 묻어 들어온다는 사실이 유의되지 않으면 안된다. 뿐만 아니라, 근대 베끼기는 불가피하게도 베끼는 측의 자기소외를 낳는다는 사실이 심각하게 고려되어야 한다.

일찍이 홍대용은 자신의 저술 『의산문답』(毉山問答)에서, 현실적으로 문제가 되는 모든 존재의 자기중심성 그리고 인식의 자기중심적 국한성을 꿰뚫어 보면서도 더 높은 차원에 있어 그것은 지양되지 않으면 안된다는 관점을 취하였다. 홍대용은 자기중심성의 강조를 통해서가 아니라 오히려 자기중심성을 지양한 자리에서 개개의 주체를 긍정하고 그럼으로써 주체들 상호 간의 대등한 관계를 승인하는 방향으로 나아갈 수 있었다. 홍대용이 모색한 주체란 서로 마주 선 대립적 주체라기보다 하나의 관계망(關係網) 속에 **나란히 병존**하는 일종의 **관계적 주체**로서의 면모를 띤다. 홍대용은 이런 주체 개념으로 인간과 여타의 생물, 한 국가와 다른 국가, 한 종족(민족)과 다른 종족(민족) 간의 공존과 공생이라는 이념을 이끌어 낼 수 있었다. 오늘날의 세계상황에서 홍대용이 취한 방식을 음미하는 것이 허락된다면, 홍대용이 설정한 주체는 **약한 주체**, 혹은 **유연한 주체**쯤으로 규정될 수 있지 않을까.[203]

사상사적으로 볼 때 최한기가 관념한 주체는 바로 이 홍대용의 주체 개념과 연결된다. 최한기는 이런 말을 했다.

주아(主我: 나를 '主'로 하는 것)를 적게 하고 주물(主物: 物을 '主'로 하는 것)을 많이 해야 얼추 사람과 하늘이 통할 수 있어 잘못이 적다.[204]

이 말에서 확인되듯 최한기는 인간의 인식행위에 있어 주체보다 객체를 훨씬 더 배려하는(하지만 주체를 배려하고 있지 않다는 말은 아니다. 오해 없기 바란다) 태도를 취하였다. 말하자면 최한기의 인식론에 있어서, 주체란 퍽 **겸손한 주체**다. 한편 이런 겸손한 인식주체는 '나'에게만 요구되는 것이 아니라 '너'에 대해서도 똑같이 상정되는 것이라는 점에서 평등하다. 이 점에서 최한기의 인식론을 구성하는 겸손한 주체는 그의 존재론을 구성하는 평등한 주체와 모순되지 않는다. 주체는 존재론적으로 평등하면서 인식론적으로는 겸손해야 하는 것으로 규정됨으로써다. 우리가 주목해야 할 점은, 이러한 겸손한 주체가 존재론상의 평등한 주체와 더불어 '나'와 '남'의 평화로운 공생, 종족(민족)과 종족(민족) 간 및 국가와 국가 간의 평화, 자연과 인간의 공존을 담보해 준다는 사실이다. 이렇게 본다면, 비록 최한기가 홍대용의 영향을 받았다는 증거는 어디에도 없지만 그런 영향관계를 떠나 사상사적 맥락에서 최한기는 홍대용의 사유를 더욱 확대시키고 발전시킨 면이 있다고 하지 않을 수 없다.

  서구근대사상은 어떤 의미에서 주체의 사상이라 할 수 있을 정도로 주체를 강조해 왔다. 이는 인간해방에 기여한 면도 크지만 억압과 차별 및 자연파괴를 야기한 면도 똑같이 적지 않다. 그러므로 오늘날 포스트모더니즘 계열의 철학자들이 근대적 주체의 과도함과 일방성, 그 모순과 횡포를 비판하고 나선 데는 일리가 없지 않다. 홍대용의 주체 개념, 그리고 그것을 평화에 기초해 더욱 확고하고 좀더 구체적으로 국가와 종족(민족) 관계에서 발전시켜 간 최한기의 주체 개념은 근대적 개념이 **될 수 없는가**? 혹 이 질문 방식이 너무 거칠어 마음에 안 든다면 이렇게 고쳐 물어 보자: 그것은 근대적 개념으로 전개되어 갈 **소지가 없었던가**? 이 질문 방식도 여전히 마음에 안 든다면 다시 이렇게 고쳐 물어 보자: 그것은 근대적 개념으로 전개되어 갈 소지**조차** 없었던가?

그렇다면 근대적 주체란 무엇인가? 서구가 근대에 정립한 주체 개념, 그리고 그것을 때로 굴절시켜 가며 베낀 개념만이 유일한 근대적 주체 개념으로 인정되는가? 아니면 홍대용이나 최한기가 전개한 주체 개념은, 우리가 아는 유일한 근대인 역사적 근대에 의해 현실적으로 억압되고 배제되고 지워져 버렸다는 의미에서만 근대적이지 않은 것인가? 실현된 역사적 근대의 경로를 부정할 수는 없는 일이지만 우리는 동아시아 근대의 초입에서 통념을 벗어나는 이런 수많은 질문을 던져 볼 필요가 있다. 어쩌면 정말 중요한 것은 근대인가 근대가 아닌가를 시시콜콜 따지는 것이 아니라 동아시아가 불가피하게 실현해 간 근대가 어떤 점에서 심각한 문제를 내포하고 있었던가를 깊이 있게 성찰하는 일일 터이다.

97 최한기는 강화도 조약이 체결된 이듬해인 1877년에 타계하였다. 평소 해외개방을 주장해 온 최한기는 일본과의 이 조약에 대해 어떤 입장을 취했을까? 그 점을 분명히 알 수 있게 해주는 자료는 없다. 다만 1876년 강화도 조약이 체결되기 직전 그의 아들인 최병대(崔柄大)가 개항을 반대하는 척화소(斥和疏)를 올려 전라도 익산으로 귀양 가게 되었는데[205] 이 일에 대해 최한기가 아무렇지 않게 여기며 "언사(言事)로 죄를 얻었으니 영광스런 일이다. 화복(禍福)은 걱정할 게 아니다"라고 말했다는 기록이 이건창(李建昌)의「혜강최공전」(惠岡崔公傳)[206]에 보인다. 최한기의 장남인 최병대는 부친의 기학을 아주 깊이 이해하고 있던 인물이었다. 최한기 사상의 핵심을 대단히 간요(簡要)하면서도 정확하게 요약하고 있는,『인정』과『기학』에 각각 붙인 그의 발문(跋文)[207]을 통해 이 점이 확인된다. 이런 점들을 고려한다면 최병대의 상소는 그 부친과의 공감 속에 이루어졌을 개연성이 크다.

이 문제에 참고가 되는 또 하나의 자료는, 1871년의 신미양요 때 강화유수 정기원이 보내온 서한에 대한 최한기의 답장이다. 이 답장에는 "만약 조금이라도 도움이 되는 계책이 있다면 어찌 어양지책(禦洋之策)을 말씀드리지 않겠습니까? 간혹 제가 남들 앞에서 논하고 이야기한 것은 또한 적개심의 발로입니다"[208] 라는 구절이 보인다. '어양지책'은 바다를 방어하는 계책이란 뜻이다. 이 답서로 다음의 두 가지 점이 확인된다. 하나는 편지글 어디서도 '양이'(洋夷)니 '금수'(禽獸)니 '양이'(攘夷: 오랑캐를 배척함)니 하는 말은 일체 쓰지 않고 객관적인 뉘앙스를 갖는 '어양'(禦洋)이라는 단어를 사용하고 있다는 점이고, 다른 하나는 이양선(異樣船: 서양선박)의 침입에 적개심을 표하고 있다는 점이다. '적개심'이란 단어는 주목을 요한다. 그것은 엄정하고 이성적인 사상의 차원과는 또 다른 정서적 태도 내지 반응을 드러내 보인 말이라고 생각되기 때문이다.

편지에서 확인되는 이 두 가지 점을 고려한다면 신미양요 당시 최한기는 서양을 양이(洋夷)니 금수니 부르면서 위정척사를 부르짖던 세력에 동조하지 않으면서 서(西)를 동(東)과 대등한 주체로 간주하던 이전의 자기 입장을 그대로 견지하되 다만 서양의 침략적 태도와 행위에 대해서만큼은 분연히 성토하며 비판하는 자세를 취한 것이 아닐까 한다. 사실 최한기의 이런 자세는 결코 새로운 것이 아니며 이전부터 일관된 것이었다. 그가 주장한 서양과의 화호(和好)가 서양의 침략에 대한 용인이나 서양의 위협에 대한 굴복을 뜻하는 것은 아니었기 때문이다. 지금 그 제목만 전하는 최한기의 저술 『어양론』(禦洋論)은 신미양요의 역사적 경험을 토대로 씌어진 게 아닐까 추정된다.

강화도 조약에 대한 최한기의 입장은 신미양요 때 그가 취한 입장의 연장선상에서 이해되는 것이 온당할 터이다. 그렇다고 한다면 그는 '개항' 자체나

'통상수호'(通商修好) 자체에 반대했다기보다 일본의 강압적 위협에 굴복하여 이루어지는 개항을 반대했던 것이 아닐까 생각된다. 그것은 대등한 관계에서 이루어지는 호혜적 교섭이 아니요, 그 점에서 진정한 화호(和好)가 아니었음으로써다.

98 이런 점에서 최한기는 그 중년기에 기학의 학문체계를 정초(定礎)한 이래 사거(死去)할 때까지 그 사상적 일관성을 유지한 것으로 볼 수 있다. 그의 기학은 34세 때 저술한 『기측체의』(『推測錄』과 『神氣通』 두 책을 합한 책)로부터 시작되며, 『기학』(55세 때 저술)과 『인정』(58세 때 완성)을 거쳐, 『승순사무』(66세 때 저술)와 『향약추인』(68세 때 저술)에서 끝난다. 이 중 『기학』은 그의 철학사상을 가장 정리된 형태로 보여주는 저작이며, 『인정』은 최대의 공력을 쏟은 그의 대표작으로서 정치학과 경세론과 철학 등 그의 전 사상이 망라되어 있다.

99 흔히 최한기 사상과 개화사상의 연관성을 말하면서 전자는 후자의 선구라는 말을 많이 한다. 문호개방을 주장했다는 점에서 둘은 일치하고 이 점

에서 이런 주장은 타당성이 없지 않다. 하지만 이런 주장은 자칫 최한기 사상과 개화사상 간의 본질적 차이를 은폐할 위험이 있다.

이른바 개화사상은 크게 보아 조선에서 이루어진 서양근대 베끼기의 최초의 시도였다. 개항 이후 19세기가 종결될 때까지 조선에서 전개된 개화사상에는 내부적으로 몇 가지 노선이 존재하지만, 그 어느 노선이든 간에 서양근대 베끼기라는 틀에서 크게 벗어나지 못했다. 가령 김옥균 일파처럼 일본의 메이지 유신을 염두에 둔 변법적 급진개화파의 사상이든, 김윤식처럼 동도서기론에 입각한 시무적(時務的) 온건개화파의 사상이든, 서재필·윤치호 등이 주도한 독립협회의 사상이든, 비록 접근방법과 강온(强穩)의 차이는 있을지언정 서양근대를 본뜨거나 수용하려고 한 점에서는 별 차이가 없다고 생각된다. 그리하여 개화사상은 그 내부적 분기(分岐)에도 불구하고 **문명개화**라는 쪽으로 그 물꼬를 트고 있었다. 문명개화는 메이지 유신을 이룩한 일본의 국가슬로건이었으며, 일본이 보여준 근대화의 외견상의 성공은 그 정당성의 확고한 증거였다. 문명개화라는 이 모순적 슬로건을 좇은 건 비단 조선만이 아니라 양계초에게서 확인되듯 중국도 예외가 아니었다. 문명개화라는 슬로건하에 부국강병을 추구해 나가는, 일본이 만들어 낸 이 근대화 모델은 시간이 흐를수록 조선의 개화파 지식인들에게 영향을 확대해 갔다. 그러므로 낡은 사상에 기댄 채 외세의 침탈에

견결하게 저항한 위정척사파와는 정반대로 개화사상을 지닌 인물들 대부분은 갈수록 친일(親日) 쪽으로 경사되어 갈 수밖에 없었다.

최한기의 사상이 비록 문호개방을 표방하고 있음에도 불구하고 이른바 문명개화식의 서구적 근대화 노선과 서로 화해하기 어려운 논리구조를 취하고 있다는 점은 이미 앞서 지적한 대로다. 최한기의 사상과 이후의 개화사상은 바로 이 점에서 중대한 차이를 갖는다. 뿐만 아니라 최한기 사상이 세계적 차원에서 그리고 동아시아적 차원에서 새로운 문명의 패러다임을 구축하기 위한 커다란 마스터 플랜 같은 것을 구상해 나갔던 데 반해 개화사상에는 그런 이상(理想), 그런 스케일, 그런 파토스가 발견되지 않는다. 시대의 요구를 반영해 개화사상은 최한기 사상에 비해 좀더 현실적인 성격을 띠게는 되었으나 그에 비례하여 왜소화되고 있다고 판단된다. 근대기획 내지 근대구상과 관련해 최한기가 그린 그림은, 비록 앞에서 살핀 대로 뚜렷한 한계가 있기는 해도, 개화사상처럼 어떤 모델을 수용하는 방식은 아니었으며, 서양을 참조는 하되 동아시아가 오랜 기간 쌓아 온 내공(內功)을 바탕삼아 자기대로 설계도를 그려 간 것이었다. 그러므로 그것은 단순히 번역이나 번안이 아니라 창조의 과정이었다.

하지만 개항 이후 개화사상이 전개되는 시대가 되면 더 이상 역사적 근대와 다른 근대모색, 근대기획의 가능성은 남아 있지 않게 되어 버린 것처럼 보인다. 이제 모든 것은 역사적 근대 속으로 빨려 들어가게 된다. 바야흐로 베끼기의 시대가 시작된 것이다. 이제 기학과 같은 독자적 체계의 모색은 가능하지도, 필요하지도 않은 시대가 되었다. 답은 이미 제시되어 있고 그것을 좇아가는 일만 남은 것처럼 여겨졌기 때문이다. 거듭 말하거니와 베끼기가 꼭 나쁜 것은 아니다. 하지만 스스로를 왜곡하면서 이루어지는 베끼기는 불구적이며, 심각한 문제를 낳게 마련이다.

100   비서구권의 근대화는, 일본과 같은 예외도 없지는 않으나, 대개의 경우 식민지화와 중첩되면서 타율적으로 왜곡되는 길을 걸었다. 이 점에서 제3세계의 근대화는 중층적(重層的) 부정성을 갖는다. 한국도 예외는 아니다.

한편 식민지를 경험한 국가의 경우 서구와는 달리 **저항적 주체**라는 개념을 탄생시키게 된다. 여기서 말하는 저항적 주체란 민족적 예속과 피압제 상태를 청산하고 독립과 자주를 위해 싸우고 실천하는 주체다. 최한기는 이런 상황을 예상하지 못했으므로 이런 주체 개념이 최한기 사상에 나타날 리는 없다. 이런 저항적 주체 개념은 개항 이후 위정척사파나 동학농민군의 항쟁을 통해 형성되어 갔으며 신채호(申采浩, 1880~1936)의 언론활동에서 잘 확인되듯 애국계몽기에 이르러 이론적으로 더욱 자각되고 명료해졌다. 저항적 주체 개념은 일제강점기에도 나라 안팎을 통해 관철되어 갔다고 볼 수 있을 터이다. 하지만 일제에 강점된 식민지 조선에서 서양의 근대적 주체 개념을 베낀 주체 개념이 일상성의 영역에서, 비록 제한되고 뒤틀리고 모순된 형태지만, 자리잡아 가고 있었음은 두말할 나위도 없다.

그런데 이 저항적 주체 개념은, 서양의 근대적 주체 개념과 일종의 연기(緣起) 관계 속에 놓인다. 다시 말해 후자가 없으면 전자는 존재하지 않는다. 이 점에서 저항적 주체 개념 역시 서구근대라는 패러다임의 **안에** 있는 것이지 그 밖에 있는 것은 아니다. 뿐만 아니라 저항적 주체는 서구근대적 주체에 내재된 모순, 이를테면 폭력성이라든가 자기중심성이라든가 차별과 억압이라든가 하는 측면을 베껴서 내재화하고 있기도 하다. 말하자면 저항적 주체는 서구근대적 주체의 폭력성 및 부정성과 한편에서는 정당하게 대립하면서도 동시에 다른 한편에서는 서구근대적 주체의 부정성을 상동적(相同的)으로 내면화하는 경향이 있다.

101 이른바 개화기 공간에서 최한기 사상은 아무런 영향력도 행사할

수 없었다. 하나의 사상이 현실 속에서 힘을 가지려면 그것을 지지하는 사람들의 결집을 필요로 한다. 하지만 최한기에게는 그런 것이 없었다. 사상을 뒷받침하는 인적 결속이 전연 없었던 것이다. 뿐만 아니라 문제는 최한기의 사상 내부에도 있었다. 최한기의 기학은 크게 보아 일종의 강령이자 전략에 가까우며, 구체적 지침과 전술은 부족하거나 결여되어 있다. 하지만 개화기 공간은 전략만이 아니라 지극히 구체적인 전술이 절실히 요구되던 시대였다. 이런 점에서도 최한기 사상은 새롭게 조성된 급변하는 현실에 부응하기 어려웠다. 다른 한편 최한기 사상은 이상주의적 면모가 강한 반면 현실주의적 면모는 부족한 편인데, 이런 점 역시 개화기 공간에 있어 그 사상의 운명을 예고하고 있다 하겠다. 이렇게 본다면 최한기 사상의 19세기적 의의는 개항 이전 시기에 새로운 문명의 패러다임을 모색하면서 문호개방과 국가개혁의 청사진을 그려 보이는 한편 그 이론적 기초를 마련하고자 한 데서 찾아야 하지 않을까 생각된다.

102 최한기 사상을, 그 역사적 의의와 한계라는 틀 속에서만 볼 것은 아니다. 오늘날의 관점에서 보면 최한기 사상의 어떤 측면들 중에는 오히려 역사의 울타리를 제거해야 비로소 그 진가가 드러나는 것도 있다. 적어도 이런 점

에서 최한기는 두 세기쯤 일찍 나온 사상가가 아닐까 하는 생각도 든다. 뿐만 아니라 우리는 최한기 사상의 단점과 문제점에서도 많은 교훈과 시사점을 얻게 되며, 우리의 지나온 길을 돌아보고 나아갈 길을 새롭게 모색하고 구상하는 데 도움을 받을 수 있다.

이제 최한기와의 긴 대면이 끝나 가고 있다. 최한기와의 대화는 한국의 근대와 그 운명에 대한 성찰의 기회다. 그것은 동시에 지금까지도 이어지면서―아니 어떤 점에서는 더욱더 강화되면서―우리의 의식과 삶을 규제하고 있는 근대와 관련된 각종 미망(迷妄)과 이데올로기에 대한 비판적 고찰의 기회가 된다. 나는 때로 최한기가 행한 사유의 한가운데로 들어가 보기도 하고, 그의 사유를 신랄하게 비판해 보기도 했으며, 그 사상의 주변을 배회하기도 하였다. 또 때로는 최한기와 그의 시대를 마주 세워 보기도 하고, 그를 서유럽이나 동아시아의 다른 사상가들과 비교해 보기도 하였다. 나는 형식에 크게 구애받지 않고 생각의 흐름에 따라 아주 자유롭게 이 책을 썼으므로 특별한 결론 같은 것 역시 내리고 싶지 않다. 다만 책이 종결되려고 하는 이 순간까지도 여전히 나의 뇌리에 강하게 남아 있는 몇 가지 상념을 마지막 장에 덧붙이는 것으로 이 책의 결론을 대신할까 한다. 지금까지 나의 글을 읽어 주신 분들께 진심으로 감사드린다.

103   최한기의 사상에서 '자연'은 이중의 의미를 갖는바, 하나는 존재근거로서의 자연이고 다른 하나는 존재로서의 자연이다. 이 둘은, 최한기의 용어를 그대로 쓴다면, 서로 '통'(通)한다. 이 경우 '통'한다는 말은, 존재근거로서의 자연이 개별적 존재로서의 자연에 들어와 있고 개별적 존재로서의 자연은 존재근거와 항시 연결되어 있다는 뜻이다. 그러므로 최한기의 사유체계에서 볼 때, 모든 존재는 자연이자, 자연 내 존재이며, 자연의 일부분이다. 여기까지는, 동아시아의 전통적 사유특성을 고려할 때 그다지 새로운 것이 아닐지 모른다. 그러나 다음과 같은 최한기의 성찰, 즉 인간의 이성은 잘못될 수 있는 가능성이 상존하는바 이 점에서 이성은 자연에 맞춰 자신을 교정해 가면서 자연에 자신을 합치시키도록 노력하지 않으면 안된다는 성찰은, 인간의 이성조차도 결국 자연의 산물이며 자연의 일부분인바 자연 앞에 겸손하지 않으면 안된다는 사실을 말해 준다.

   최한기의 사유가 보여주는 이런 자연과 이성의 관계는 지금 보더라도 여전히 참신하다. 최한기는 비록 인간의 이성에 대해 낙관적 태도를 취하고 있기는 하나 그럼에도 그의 이성 규정은 역사적 근대=서구적 근대가 정립한 이성처럼 오만하고 지배적이며 폭력적인 방향으로 그 현실적 자태를 드러낼 위험성은 간직하고 있지 않다. 왜냐하면 그에게 있어 이성이란 언제나 자연에 '승순'

(承順)하는 관계에 있고, 이성은 그러한 한에서 그 본연의 자태를 드러냄으로써다. 최한기에게 있어 이성적인 것은 곧 자연적이어야 하나, 자연적인 것이 곧 이성적인 것은 아니다. 최한기의 대동사상과 평화주의는 이런 '자연/이성'의 개념과 내적으로 연결되어 있다. 최한기의 자연관이나 이성 규정에서는 상(上)과 하(下), 안과 밖, 천(天)과 인(人), 자(自)와 타(他), 인(人)과 물(物)이 모두 '통'하며, 조화로운 관계를 연출한다. 그러므로 거기서는 침략이나 타자에 대한 억압이 도출되지 않는다.

이런 최한기의 자연관이나 이성 규정은 역사적 근대의 입장에서 본다면 약점이나 한계로 치부될 수 있을지 모르지만 역사적 근대를 넘어서고자 하는 입장, 가령 생태주의와 같은 견지에서 본다면 중요한 시사와 전망을 제공하는 것이라 하지 않을 수 없다. 최한기의 이성은 자연 위에 군림하는 것이 아니라 반대로 끊임없이 자연을 우러르며 그 운화(運化)를 살펴 따른다는 점에서, 자연에 적대적이지 않고 친화적이다. 그러므로 최한기의 이런 사유는 비록 19세기, 그리고 그 연장인 20세기에는 주목받을 수 없었다 할지라도 21세기에는 좀더 적극적으로 평가되고, 그 빈틈들이 시대적 요청에 맞게 보완될 필요가 있지 않나 생각한다.

최한기의 사상기저를 특징짓는 몇 개의 단어를 꼽으라 한다면, '유'(有),

'위'(爲), '동'(動), '실'(實) 등을 꼽을 수 있을 터이다. 최한기는 '허무'(虛無)는 일체 부정하고 '실유'(實有)만 긍정했다. 이 점에서 최한기의 사상은 근대의 실용주의와 연결되는 면이 없지 않다. 실용주의가 그것대로의 장점을 갖고 있음은 부정할 수 없다. 하지만 실용주의만이 이 세계를 지배한다면 이 세계는 너무나 삭막하고, 무미건조하며, 깊이를 결여하게 될 것이다. 그러므로 '유'와 '욕'(欲)이 강조되면 될수록 '유'와 '욕'에 대한 성찰을 통해 '과욕'이나 '무욕'과 같은 반대의 지향이 보충되지 않으면 안된다. 최한기 사상은 이런 균형감에 대한 고려나 고민은 부족하다. 사실 근대세계의 자본주의는 '유', '위', '욕', '동', '실'의 가치지향에 의해 특징지어진다고 말할 수 있을 터이다. 하지만 자본주의의 모순이 심화되면 될수록 '무'(無), '무위'(無爲), '정'(靜), '허'(虛) 등의 가치와 중요성을 복원할 필요는 역설적으로 더욱 절실해지는 게 아닌가 생각된다.

    최한기의 사상은, 비록 주목되는 현실적 계기들을 내포하고 있기도 하지만 그러나 전체적으로 본다면 역시 아이디얼리즘으로서의 면모가 강하다고 할 수 있다. 일본 사상은 전통적으로 아이디얼리즘이 부족한 게 큰 문제지만, 한국 사상의 경우 거꾸로 리얼리즘이 부족한 게 큰 결함이 아닌가 생각된다. 최한기 역시 예외는 아니라고 본다. 어떤 의미에서 볼 때 한국과 일본이 역사적 근대세계에 진입하는 과정에서 보인 차이는 아이디얼리즘과 리얼리즘의 한판 승부였다고 말할 수 있는 면이 없지 않다. 적어도 19세기 중후반 조선과 일본을 대표하는 두 사상가인 최한기와 후쿠자와 유키치를 대비시켜 보면 이 점이 극명히 드러난다. 이런 점을 고려한다면 21세기의 우리에게는 한국 사상사에서 확인되는 아이디얼리즘의 좋은 전통은 살리면서도 부족한 리얼리즘은 보충해 나가는, 말하자면 절장보단(截長補短)의 태도가 절실히 요망되지 않는가 생각된다. 이상(理想)은 부족하거나 결핍되어도 딱하지만, 그렇다고 과잉이 꼭 좋은 것도 아니다. 중요한 것은, **사실과의 긴장관계**를 잃지 않으면서 이상을 추구해 나가는 태도일 것이다.

최한기의 사상은 주체와 보편에 대한 우리의 21세기적 모색에도 적지 않은 시사와 교훈을 준다고 여겨진다. 주체를 몰각한 보편은 얼빠진 맹목이며, 보편에 견인되지 않거나 보편에 열려 있지 않은 주체란 결국 자기 자신은 물론이려니와 타자에 대한 억압으로 화할 공산이 크다. 이 양자의 역동적 균형과 긴장을 잃지 않는 지혜로움이 우리에게 필요한 게 아닐까.

최한기의 사상은 단순한 부국강병의 사상은 아니다. 최한기의 사상을 흔히 부국강병으로 요약되는 근대화 사상의 원조쯤으로 본다면 그건 잘못된 해석이다. 부국강병의 사상은 억압적인 국가주의로 연결되기 십상인데, 최한기의 사상에서 이런 면모는 발견하기 어렵고 그보다는 인민에 대한 강조가 두드러진다. 물론 정체(政體)에 관한 한 최한기의 사상은 여전히 군주제의 틀을 유지하고 있고, 따라서 그 사상이 입헌군주제나 그밖의 어떤 것으로 발전할 수 있었을지 어떨지를 확언하기는 어렵다. 그렇기는 하지만 철두철미하게 '민'(民)과 '천'(天)을 일치시켜 갔던 최한기의 정치사상은 적어도 몇 개의 고개를 넘는다는 가정하에서 국가주의나 전체주의보다는 인민의 권리를 중시하는 민주주의에로 나아갈 수 있는 가능성이 좀더 큰 게 아닌가 하는 조심스런 관측도 가능하다. 요컨대 최한기는 부국강병을 설계하기보다는 내적으로는 균형과 조화를, 외적으로는 타국과의 화호(和好)를 유지하면서, 인민들이 윤리적으로든 물질적으로든 규모 있게 삶을 영위하는 그런 국가를 구상했던 게 아닌가 생각된다. 그것은 무리와 억압이 없고 내실과 규모를 갖춘 평화롭고 살기 좋은 나라로서의 이미지가 강하다. 만일 최한기가 자신의 사상행위를 통해 또박또박 그려 간 국가의 상(像)이 이런 것이었다고 한다면 그것은 지금도 우리에게는 과거형이 아니라 여전히 미래의 과제에 속한다 할 것이다. 이런 점에서도 최한기의 사상은 우리가 그로부터 사유를 출발시켜 나가야 할 의미 있는 지점이 된다.

주

1_ 두 책으로 번역되었는데 제1권은 1979년에, 제2권은 1980년에 간행되었다.
2_ 1995년 11월 25일 오전 10시 한글회관 강당에서 개최되었으며, 발표자와 발표논문 제목은 다음과 같다. 권오영, 「최한기의 사회사상」; 양보경, 「최한기의 지리사상」; 금장태, 「혜강(惠岡) 최한기의 철학사상」; 조동일, 「최한기의 글쓰기 이론」. 이 논문들 및 그에 대한 토론 내용은 『진단학보』 제81호(진단학회, 1996년 6월)에 실려 있다.
3_ 『진단학보』 제81호, 360면.
4_ 『명남루총서』는 이우성 선생이 대동문화연구원 원장으로 계실 때인 1971년에 당시 알려진 최한기의 저술들을 모두 모아 동연구원에서 5책으로 영인해 낸 책이다. 최근 최한기의 종손집에서 『소모』(素謨), 『향약추인』(鄉約抽人), 『승순사무』(承順事務), 『혜강잡고』(惠岡雜藁), 『최병대난필수록』(崔柄大亂筆隨錄) 등의 새 자료가 나옴에 따라 『명남루총서』의 증보작업이 이루어졌다.
5_ 이 학술발표회는 '21세기에 다시 읽는 실학'이라는 주제로 2002년 11월 29일 성균관대 600주년기념관 6층의 첨단강의실에서 개최되었다. 나는 이 자리에서 「최한기의

사상과 21세기―자연과 인위의 관계에 대한 음미」라는 제목의 논문을 발표했는데, 이 논문은 본서의 초고 중 일부를 발췌한 것이다.

6_ 고려대학교 아세아문제연구소에서 발행하는 『아세아연구』 제8권 4호(통권 20호)에 실렸다.

7_ 이에 대한 자세한 정보는 손병욱 교수의 번역서 『기학』(여강출판사, 1992)의 말미에 첨부된 「혜강 최한기 관련 논저 목록」과 권오영 씨의 저서 『최한기의 학문과 사상 연구』(집문당, 1999)의 말미에 붙인 「참고문헌」 참조.

8_ 하지만 최한기 사상에 대한 기존의 연구 모두가 근대주의적 시각으로 수행된 것은 아니다. 근대주의에 대한 비판적 시각으로 최한기 사상을 검토한 업적으로는 다음의 두 작업이 주목된다. 김용옥, 『讀氣學說』(통나무, 1990); 임형택, 「개항기 유교지식인의 '근대' 대응논리」, 『大東文化研究』 38(성균관대학교 동아시아학술원 대동문화연구원, 2001. 6)

9_ 이 책은 초판이 1960년, 재판이 1961년에 간행되었으며, 정진석·정성철·김창원의 공저다. 재판은 초판 그대로인데, 1988년 남한의 광주라는 출판사에서 낸 『조선철학사 연구』라는 책은 이 재판본을 재간행한 것이다. 나는 이 남한본으로 읽었다.

10_ '운화'는 '활동운화'(活動運化)의 준말이다. '활동운화'에 대한 규정은 『기학』(氣學)에 특히 자세하다.

11_ 한편, 이 세 가지 레벨의 운화에 '교접운화'(交接運化)라는 것이 하나 더 추가되기도 하는데, '교접운화'는 가족이나 공동체(사회)의 층위에서 이루어지는 기의 운행을 가리키는 말이다. 그러므로 그것은 일신운화와 통민운화 사이에 위치하는 운화라고

할 수 있다.

12_ 『人政』 권23 「萬國治安在用人」의 "東西南北相距數萬里, 諸國治安政教, 無有不同" (『增補明南樓叢書』 3, 496면); 『明南樓隨錄』에서 "萬國政教, 要臻治平"이라 한 것과 "萬國政教誠喜治平之不謀而同"이라 한 것(『增補明南樓叢書』 5, 294면 상단 좌측, 298면 상단 좌측); 『氣學』 권1에서 "宇宙萬國小異者, 風土物産; 大同者, 神氣運化. 散處人民, 因其小異者, 以爲細行習俗; 承其大同者, 以爲倫綱政教"(『增補明南樓叢書』 5, 22면 상단 좌측)이라 한 것; 『推測錄』 권5의 「推師道測君道」(『增補明南樓叢書』 1, 180면) 등 참조. 또 『人政』 권4 「五倫相法」 및 권18 「畎畝教法兆民有和」(『增補明南樓叢書』 3, 80면, 390면); 『人政』 권23 「學問政教準治安」(『增補明南樓叢書』 3, 522면) 참조. 이하 본서에서 인용하는 『增補明南樓叢書』는 『총서』로 약칭한다. 본서는 비록 『총서』를 기본 텍스트로 삼아 인용하지만, 최한기에 대한 다른 텍스트들, 예컨대 여강출판사에서 영인한 『明南樓全集』, 민족문화추진회에서 번역한 『기측체의』·『명남루수록』·『인정』, 손병욱 교수가 번역한 『기학』 등도 두루 참조하였다.

13_ 『推測錄』 권6 「東西取捨」의 "海舶周遊, 書籍互譯, 耳目傳達, 法制之善, 器用之利, 土産之良, 苟有勝我者, 爲邦之道, 固宜取用"(『총서』 1, 215면); 『人政』 권25 「以物産喩用人」의 "遠近諸國用人之法, 各具善不善之違合運化. 知覺通達, 明於取捨者, 惟善是行, 不計國之遠近, 地之貴賤"(『총서』 3, 565면); 『人政』 권18 「家國天下選人」의 "盖爲國之道, 不察隣國遠邦之政教, 是爲獨夫之國"(『총서』 3, 392면); 『氣學』 권1 「商者運財輸物」條의 "諸國之良法制好物産, 咸取而須用"(『총서』 5, 20면 하단 우측); 『明南樓隨錄』의 "公卿大夫政事讜獻, 比較於遠近諸國, 善政善法, 參互取用"(『총서』 5,

285면) 등 참조.

14_ 『承順事務』 「中西通用氣數道理」의 "畢竟中西相取善法. 西之善法, 行於中而損益焉, 中之善法, 行於西而變通焉. 是爲統一四海之承順事務也"(『총서』 5, 343면); 『人政』 권12 「家國天下器用」의 "使東方人, 用西方器皿, 則東方器用, 益有所明; 使西方人, 用東方器皿, 則西方器皿, 益有所明"(『총서』 3, 254면) 참조.

15_ 『明南樓隨錄』의 "中國聖賢經傳, 使西國賢知讀之, 必有取有捨; 西國聖賢經傳, 使中國賢知讀之, 必有取有捨. 統其取捨, 辨別其由, 所取者乃天下通行之道, 所捨者非天下通行之道. 是則中國西國大綱之取捨"(『총서』 5, 301면) 참조.

16_ 임형택 교수는 앞의 논문에서 동도서기론의 의의와 한계를 정당하게 지적하면서 최한기의 경우 동도서기론이 아니라고 했다.

17_ 『氣學』 권1의 "氣之能曰神" 및 "神者, 乃指其運化之能. 故運化之氣, 卽是神也"(『총서』 5, 5면 하단 우측, 7면 상단 좌측); 『氣學』 권2의 "神之稱號, 適爲氣之讚襄"(『총서』 5, 49면 상단 좌측) 등 참조.

18_ 『推測錄』 권6 「海舶周通」의 "沿海諸處, 羅列市埠, 收聚健勇, 設置鎭守, 寓兵於商, 而爲天下之亂禦"(『총서』 1, 216면); 『明南樓隨錄』의 "周遊四海之商旅, 籍此挽近所明之支流餘緖, 或作害民之事, 大炮時發於海澨, 敎術要傳於愚迷, 是雖交通初有, 未久侵息"(『총서』 5, 285면 상단 우측) 참조.

19_ 『人政』 권6 「商」(『총서』 3, 98면); 『氣學』의 「商者運財輸物, 以贍民用」條 및 「宇宙萬國小異者, 風土物産」條(『총서』 5, 20면, 22면) 참조.

20_ "有各國和好之聘問, 無相侵害, 有各守分"(「天下人道」, 『人政』 권6, 『총서』 3, 106면)

21_ 물론 『推測錄』 권6 「海舶周通」(『총서』 1, 216면)이나 『明南樓隨錄』의 "周遊四海之商旅, 籍此挽近所明之支流餘緒, 或作害民之事, 大炮時發于海澨, 敎術要傳於愚迷"(『총서』 5, 285면 상단 우측) 등에서 보듯 서양의 침략적 행위에 대한 우려가 표명되지 않은 것은 아니나 크게 보아 그러한 우려는 서양에 대한 낙관적 전망 속에 자리한 것이고, 이 때문에 서양에 대한 '위기의식'이라고 할 만한 수준의 것은 아니다. 위원의 『해국도지』와 비교해 보면 이 점이 극명히 드러난다. 이러한 태도는 『承順事務』(이 책은 병인양요 이태 후인 1868년, 최한기 66세 때 저술되었음)의 「對遠國人以承順」(『총서』 5, 340면)에서 확인되듯 만년에까지 이어진다.

22_ "皇大御國は、大地の最初に成れる國にして世界萬國の根本なり、故に能く其根本を經緯するときは、則全世界悉く郡縣と爲すべく、萬國の君長皆臣僕と爲すべし、(…) 世界萬國の蒼生を安ずるは、最初より皇國に主たる者の要務たることを知る、(…) 縫韃旣に定らば則ち盛京も亦其勢ひ危く、支那全國まさに震動すべし、故に皇國より滿洲を征するには、之を得るの早晩は知るべからずと雖ども、終には皇國の有と爲らんことは必定にして疑なき者なり、夫营に滿洲を得るのみならず、支那全國の衰微も亦此より始る事にして、旣に縫韃を取得るの上は、朝鮮も支那も次で而て圖るべきなり、(…)"(『混同秘策』,『佐藤信淵家學全集』中卷, 岩波書店, 1926, 195면, 200면)

23_ "日升らざれば則ち戾き、月盈たざれば則ち虧け、國隆んならざれば則ち替ふ。故に善く國を保つものは徒に其の有る所を失ふことなきのみならず、又其の無き所を增すことあり。今急に武備を修め、艦略ぼ具はり礮略ぼ足らば、則ち宜しく蝦夷

を開墾して諸侯を封建し、間に乘じて加摸察加・隩都加を奪ひ、琉球に諭し、朝覲會同すること內諸侯と比からしめ、朝鮮を責めて質を納れ貢を奉ること古の盛時の如くならしめ、北は滿洲の地を割り、南は臺灣・呂宋の諸島を收め、漸に進取の勢を示すべし。然る後に民を愛し士を養ひ、愼みて邊圉を守らば、則ち善く國を保つと謂ふべし。然らずして群夷爭聚の中に坐し、能く足を擧げ手を搖すことなく、而も國の替へざるもの、其れ幾くなるか。"(『幽囚錄』, 『吉田松陰全集』第1卷, 岩波書店, 1934, 350면)

24_ 『幽囚錄』은, 요시다 쇼인이 국법을 어긴 죄로 1854년 10월 24일 옥에 갇히고 나서부터 1855년 9월 18일 출옥할 때까지 사이에 초고가 작성되었으며, 그 발문이 씌어진 것은 1856년 12월 5일이다.

25_ 『人政』권12「理學有實據」(『총서』3, 235면) 참조.

26_ 『氣學』권1의 "不可究索, 存而勿論"(『총서』5, 28면 상단 우측); 『氣學』권2의 "越天道而論無形, 在己在人, 適足虛罔"(『총서』5, 38면 상단 좌측); 『人政』권12「以器喩學」(『총서』3, 234면) 등 참조.

27_ 최한기는 "有患氣之不明, 無患理之不明"(『氣學』권2「古人以論說爲理」條, 『총서』5, 44면 상단 우측)이라고 했다.

28_ 최한기의 가계에 대해서는 『增補明南樓叢書』1의 권두에 실린 이우성 선생의 해제 및 권오영 씨의 저서 『최한기의 학문과 사상 연구』의 제2장 참조. 한편 최한기의 전기적(傳記的) 기록으로 유일하게 전하는 이건창(李建昌)의「惠岡崔公傳」에는 최한기 스스로가 말하는 형식으로 "吾雖寒微"라 서술되어 있다. 하층양반에는 상승해

간 부류가 있었다면 몰락해 간 부류도 있었는데, 최한기는 전자에 속했다고 할 수 있다.

29_ 유봉학, 『조선후기 학계와 지식인』(서울: 신구문화사, 1998)의 제2부 제3장 「開城 출신의 惠岡 崔漢綺」의 주(註) 15 참조.

30_ 1778년에 저술된 그의 저서 『北學議』外編의 「通江南浙江商舶議」(여강출판사 영인본 『貞蕤閣全集』下, 452면)에 이런 주장이 보인다.

31_ 『北學議』內編「漢語」중의 "我國地近中華, 音聲略同, 擧國人而盡棄本話, 無不可之理. 夫然後夷之一字可免, 而環土數千里, 自開一周漢唐宋之風氣矣. 豈非大快?"(『貞蕤閣全集』下, 400면) 참조. 한편 최한기는 중국어를 세계공용문자로 사용하면 어떨까 하는 의견을 제기한 바 있다. 『神氣通』권1「四海文字變通」(『총서』1, 20면) 참조.

32_ 『五洲衍文長箋散稿』권32「与番舶開市辨證說」의 "與異國開市交易, 有无相資, 何害之有?"; "特許開市, 嚴其約條, 微示恩義, 則綏遠之德, 感化豚魚之頑矣. 但市穀帛鐡器, 便利於生民者, 而我則貨以家蔘大黃, 與求藥料, 則彼知我爲民盛德, 而感服愛戴之不已, 何暇作梗生弊也? 惟在廟算之善處耳"(명문당 영인본 『五洲衍文長箋散稿』上, 935~936면) 참조.

33_ 임형택, 「박지원의 주체의식과 세계인식」, 『실사구시의 한국학』(서울: 창작과비평사, 2000)은 비단 「심세편」(審勢篇)만이 아니라 『열하일기』전반의 분석을 통해 박지원의 주체의식을 검토하고 있다. 한편 최한기는 자신의 저술 『심기도설』(心器圖說)에 박지원의 『열하일기』를 인용하고 있고, 이 점에서 최한기의 학문은 북학파의 실학과 일정한 접점을 갖는다고 말할 수도 있다. 하지만 이런 사실을 인정한다고 할

지라도 최한기가 박지원의 학문 내지 사상과 '대결'하면서 그것을 '지양'하고 있다고는(혹은 '지양'하려고 했다고는) 말하기 어렵다. 둘은 사뭇 다른 차원의 문제임으로써다.

34_ 『阮堂先生全集』 권3, 「與權彝齋敦仁」 十八의 "海國圖志, 是必需之書, 在我似若他家數寶. 紅舶或有涉境之時, 在重門擊柝之義, 又何可少觀? 覘國審勢者, 有可仿而行之者. 我人每心麁, 不能細看, 甚可歎. 雖不能盡其船制, 如使帆一術, 足可以仿而行之, 其無一個有心人歟!"(『阮堂先生全集』 上, 서울: 永生堂, 1934, 229면) 참조.

35_ 『五洲衍文長箋散稿』 권19의 「中原新出奇書辨證說」(명문당 영인본 『五洲衍文長箋散稿』 上, 576면) 참조.

36_ 『先哲叢談』(原念齋 著, 源了圓·前田勉 譯注, 東洋文庫 574, 東京: 平凡社, 1994) 권3 第九條(118면)의 "嘗て群弟子に問ひて曰く, '方今彼の邦, 孔子を以て大將と爲し, 孟子を副將と爲し, 騎數萬を率る, 來りて我が邦を功めば, 則ち吾黨孔孟の道を學ぶ者, えれを如何と爲ず'と. 弟子咸答ふること能はずして曰く, '小子爲す所を知らず. 願はくは其說を聞かん'と. 曰く, '不幸にして若し此の厄に逢はば, 則ち吾黨身に堅を被り, 手に銳を執り, えれと一戰して孔孟を擒にし, 以て國恩に報ず. 此れ卽ち孔孟の道なり'と." 참조. 또 『靖獻遺言講義』 卷下 元祿二年序에 소개되어 있는 다음 말도 참조. "山崎先生嘗物語ニ, 唐ヨリ日本ヲ從ヘントセバ, 軍ナラバ堯舜文武ガ大將ニテ來ルトモ, 石火矢ニテモ打潰スガ大義也. 禮義德化ヲ以從ヘントスルトモ, 臣下ト不成ガヨシ. 是則春秋之道也, 吾天下之道也ト云ヘル. 甚明ナルコト."

37_ 「淺見先生學談」의 "聖賢ノ道ハ尊ムベシ。ソレヲシナイラシク經書ヲイタダキナドシテ尊ハ、ソレガ異端ト云モノゾ。日本ニ生レテ今太平ノ時ニアフテ、上ノ御恩デ心安ク居リ、生命ヲ養フ。異國ノヒイキスルハ大キナ異端。今デモ異國ノ君命ヲ蒙テ孔子朱子ノ日本ヲセメニ來ランニハ、ワレマツ先ヘススンデ、鐵炮デ以孔子朱子ノ首ヲ打ヒシグベシ。道ガタットキトテ、異國人ヘ降參シ、或其家臣トナルハ、大ナル不忠モノゾ。ココガ君臣ノ大義ト云モノゾ。靖獻遺言、只此意ヲ述ルゾ。世儒書ヲ讀シテ、心異國人トナリ、深衣幅巾ヲ着シ、異國人ノマネヲスルコト、正道ヲ知ラザルガ故ナリ。孔子朱子ヲ鐵炮デウチコロスガ、孔子朱子ノヨロコビ玉フ處ゾ。尊信シテシタガヒツカバ、却テ不忠トヲモイ玉フベキゾ。"(近藤啓吾·金本正孝 編, 『淺見絅齋集』, 東京: 國書刊行會, 1995, 643~644면) 참조.

38_ 『人政』권25 「一有虛實誠僞」(『총서』 3, 575면).

39_ 『人政』권25 「一有虛實誠僞」(『총서』 3, 575면); 『氣學』권1의 「人我雖分, 自有所同」條(『총서』 5, 30면) 등 참조.

40_ 『人政』권21 「觀隣國用人」(『총서』 3, 451면 상단 좌측) 참조.

41_ 『人政』권23 「論遠國用人」(『총서』 3, 505면) 참조.

42_ "盖爲國之道, 不察隣國遠邦之政敎, 是爲獨夫之國"(「家國天下選人」, 『人政』권18, 『총서』 3, 392면).

43_ 『神氣通』권1 「天下敎法就天人而質正」의 "歐羅巴西海隅布路亞國人嘉奴, 始圜地球, 是乃天地之開闢也"(『총서』 1, 20면); 『人政』권9 「敷運化平宇內」의 "從近地軆已顯, 氣化漸明" 및 "天地之氣, 今旣大明"(『총서』 3, 175면 하단 좌측, 176면 상단); 『氣學』

권2 「梔舶之利周行地球」條(『총서』 5, 51면 상단 우측) 등 참조.

44_ 『人政』 권12 「家國天下器用」의 "隣邦彊弱, 需盡朝聘之儀"(『총서』 3, 254면); 『推測錄』 권6 「地志學」의 "奉使絶域者, 覽此而傳達重譯. 豫探險阨, 山梯海航, 貢賦之朝宗 (…)"(『총서』 1, 220면); 『地毬典要』 권1 「中國」의 "東海之朝鮮・琉球, 南裔之交趾・暹羅・緬甸・南掌・廓爾喀諸國, 修貢職無愆期, 是亞細亞一土. 未奉中國正朔者, 僅有東海之日本, 北裔之峩羅斯, 極西之弱小諸回部, 南荒之印度諸國耳, 則中國之在亞細亞, 固不止得其半也"(『총서』 4, 23면) 등 참조.

45_ 『神氣通』 권1 「四海文字變通」(『총서』 1, 20면) 참조.

46_ 『人政』 권6 「商」의 "或有挾帶兵船侵掠者, (…) 若以狹見, 測之以不善, 示之以不善之事, 傳播遐邇諸國, 使擧國之人, 皆歸之于不善, 是一人不善測之害, 至使擧國有不善之名"(『총서』 3, 98면); 『人政』 권18 「家國天下選人」의 "是乃古無而近有者也. (…) 若參於統論諸國選擧優劣之席, 得聞其國居劣, 憤莫甚焉"(『총서』 3, 392면) 등 참조.

47_ 『地毬典要』 「凡例」(『총서』 4, 7면) 참조.

48_ 『星湖僿說』 권17 「日本忠義」; 『星湖僿說』 권18 「日本史」(여강출판사 영인본 『星湖全書』 5, 605면, 630면). 특히 「日本忠義」에서는, 일찍이 17세기에 이미 존왕론(尊王論: 일본 천황을 떠받들어야 한다는 주장)을 펼쳤던 야마자키 안사이(山崎闇齋)와 아사미 케이사이(淺見絅齋)를 거론하고 있기까지 하다.

49_ 참고로 2002년 세계경제포럼(WEF)이 내놓은 '환경지속성 지수' 평가에 따르면 한국은 142개국 가운데 136위였다. 환경지속성 지수란 일국(一國)이 얼마나 환경을 파괴하지 않으면서 경제성장을 이룰 수 있는가를 보여주는 지표다. 그러므로 세계경

제포럼의 이 발표는 현재 추구되고 있는 한국의 경제정책이 얼마나 취약하고 위험한 것인지를 극명하게 말해 준다.

50_ 『백범일지』(도진순 주해, 서울: 돌베개, 1997), 431면 참조.

51_ 주자성리학에서는 인·의·예·지가 자연의 속성인 원(元)·형(亨)·이(利)·정(貞)에 각각 대응되며 이러한 자연의 속성이 인성(人性)에 품부(稟賦)된 것이라 보았다.

52_ 『推測錄』 권3 「仁義禮知」(『총서』 1, 142면) 참조. 한편 『人政』 권10 「仁義禮知」(『총서』 3, 195면)에서는 "仁義禮智, 行於統民運化, 擴而充之, 卽天地運化之仁義禮智, 存而養之, 卽一身運化之仁義禮智"라고 하여, 어디까지나 통민운화를 중심으로 천지운화와 일신운화의 인의예지를 파악하는 관점을 취함으로써 주자성리학에서와 같이 하늘로부터 개인의 본성에 인의예지가 품부되고 그것이 다시 사회적으로 실현되는 것이라 본 이해방식과는 커다란 상위를 보여준다.

53_ 최한기는 '추측'(推測)이라는 말을 인간의 인식활동 전반을 꿰뚫는 원리라는 개념으로 쓰고 있다. 그것은 감각, 경험, 추론 모두와 관련을 맺는다. '추측지리'(推測之理)는 바로 이런 추측작용에 의해 획득된 이치를 가리키는 말이다. '추측'은 인간 고유의 사유작용을 그 핵심에 두고 있다는 점에서 넓은 의미에서 서구적 이성 개념과 부합된다고 볼 수 있다.

54_ '유행지리'는 자연의 자기운동의 이치, 다시 말해 자연 스스로의 원리를 가리키는 말이다.

55_ 『推測錄』 권2 「流行理推測理」, 「天人有分」, 「自然當然」(『총서』 1, 123면, 129면, 139면) 참조.

56_ 최한기는 '자연'을 '무위'(無爲: 작위가 없다는 말. 곧 의지가 없으며, 인위가 아니라는 말)로 파악했던바(『人政』권25「氣一而名多」참조), 여기서의 '유위'(有爲)는 '무위'의 반대 뜻으로 곧 '인위'를 가리킨다.

57_ "流行之理, 卽天道也; 推測之理, 卽人道也. 人道出於天道, 推測出於流行. 旣有此齟齬, 則天道人道, 不可無分別, 流行推測, 亦自有分別. 若無分別, 以人道爲天道, 以推測爲流行, 則錯誤多端. (…) 無分於天人, 則或謂以人養天, 或謂以天養人, 何以知天自有天之涵養, 人自有人之涵養耳. 所云天理, 雜以人事, 則非純澹之天理; 所云人道, 渾於天道, 則非有爲之人道也"(「天人有分」,『推測錄』권3,「총서」1, 129면)

58_ "自然者, 天地流行之理也; 當然者, 人心推測之理也. 學者以自然爲標準, 以當然爲功夫. 自然者, 屬乎天, 非人力之所能增減; 當然者, 屬乎人, 可將此而做功夫也. (…) 且當然之中, 又有優劣純駁, 則講磨切磋, 要以自然爲標準, 是乃功夫之正路也. 或有昏迷者, 專在自然上, 錯用功夫, 是謂替天忙, 徒勞無益. 却將當然, 全不着意, 是謂棄人道, 竟有何成哉?"(「自然當然」,『推測錄』권3,「총서」1, 139면)

59_ "일정하게"라고 한 것은 '완전한' 분리는 아니기 때문이다. 바로 이 점에 최한기 사유의 역사적이자 독자적 특징이 있다. 그리고 이 점에서 최한기의 사상은 순자(荀子)의 사상과도 내용을 달리한다. 주지하다시피 동아시아 사상가 가운데 자연과 인위의 분리를 표나게 주장했던 인물은 순자(荀子)다. 『荀子』의 「천론」(天論)에서 확인되듯 순자는 '천인합일'이 아니라 '천인지분'(天人之分), 즉 천도와 인위의 완전한 분리를 주장하였다. 하지만 최한기는 적어도 천(天)이 인(人)의 표준이라는 점에서는 '천'과 '인'의 **궁극적** 합치를 염두에 두고 있지만 그러면서도 동시에 '천인유

분'(天人有分)을 주장하면서 인위 자체의 특수성을 승인하고 있다는 점에서 순자의 '천인지분' 사상과는 그 실질적 내용을 달리한다. 최한기의 이런 입장은 보기에 따라서는 어정쩡하거나 모순된 것이라 지적될 수도 있겠지만, 중요한 것은 그것이, '천'〔一氣〕의 운화를 바탕으로 통민운화와 일신운화를 파악하고 나아가 이 셋의 통일로서 천인운화를 사유하면서도 동시에 인위 자체의 특수성만큼은 어쨌든 특수성으로 읽어 내고자 한 기학의 기본적 문제의식 내지 쉐마(Schema)로부터 연유하는 것이며, 이 점에서 최한기 사상의 독특한 위상을 드러내 보여준다는 사실이다.

60_ 나중에 보겠지만 최한기의 사유에서 동(東)과 서(西)의 정교(政敎)나 제도, 예교(禮敎)의 특수성이 인정되는 것 역시 자연과 인위의 일정한 분리라는 전제가 승인되고 있기에 가능한 것이라고 생각된다. 천도와 인도, 자연과 인위의 통일을 현실 및 당위의 양면에서 제일의적으로 강조하는 주자학 같으면 서(西)의 특수성은 용납되기 어렵다.

61_ 『人政』 권12 「家國天下器用」에서 "東西教之虛實, 術法有無, 是乃人爲之排撰, 豈不易之定典?"(『총서』 3, 254면)이라 한 말 참조.

62_ 『推測錄』 권6 「聖經本於天經」(『총서』 1, 185면)

63_ 이 경우 인위에 대한 도덕적 규제나 도덕적 억압 내지 왜곡이 일어나게 된다. 최한기는 주자성리학의 이러한 문제점을 명확히 인식하고 있었다고 보인다. 인도에 천도를 섞으면 인위의 인도일 수 없다는 말도 그래서 한 것이다. 『推測錄』 권3 「天人有分」 참조.

64_ 『人政』 권19 「選擧學隱顯」, 「愼獨選擧」, 「行選有爲身爲國」(『총서』 3, 408면, 406면,

395면); 또 『人政』 권17 「愼選隱淪」(『총서』 3, 347면) 등 참조. 이 점에서 최한기는 獨善其身하는 선비나 山林處士나 高潔之士가 정치를 잘 할 수 있다고 보지 않았으며, 이들에 대해 대체로 비판적인 입장을 취하였다.

65_ 『人政』 권21 「仁義用人」(『총서』 3, 447면), 『人政』 권16 「道德以民爲準」(『총서』 3, 328면) 참조.

66_ 『人政』 권11 「統民爲中」(『총서』 3, 213면); 『人政』 권13 「三等不可闕一」(『총서』 3, 265면); 『氣學』 권2 「統民運化爲氣學之樞紐」條(『총서』 5, 50면) 참조.

67_ 『人政』 권24 「實效考驗於民」, 「從萬姓而見天則」, 「見知於民」(『총서』 3, 548면, 544면, 552면); 『人政』 권23 「欺民及自欺」(『총서』 3, 509면); 『講官論』 권1 「明方孝儒〔孺〕曰」條에 붙인 '論'(『총서』 1, 351면 하단 좌측) 등 참조.

68_ 『人政』 권19 「公私選難易」(『총서』 3, 406면) 참조.

69_ 『人政』 권20 「用人門序」의 "若不究明人人相爲用之道, 只以自己修身, 掇拾旣往文蹟, 事機之前後不同, 民情之憂樂時移, 縱云顧念, 而常奪於己見遮蔽"(『총서』 3, 416면 상단 우측); 『人政』 권23 「高潔不可用」(『총서』 3, 520면) 참조.

70_ 『人政』 권23 「用人在敎」(『총서』 3, 518면)

71_ 『人政』 권15 「選文藝」(『총서』 3, 298면); 『人政』 권18 「德行文藝有餘不足」, 「明運化得治安」(『총서』 3, 378면, 387면); 『人政』 권17 「以文取捨」, 「治安之事爲準」(『총서』 3, 367면, 364면); 『人政』 권20 「行事文章」(『총서』 3, 429면) 등 참조.

72_ 『人政』 권23 「用人大勢」(『총서』 3, 504면). "원론적으로는"이라는 단서를 단 것은, 아직 **제도적인** 측면에서 숙고되지는 않고 있기 때문이다. 이 점에서 그것은 근대적

사유에의 단초를 보인 것일지언정 그 개념적 정초는 아니다.

73_ "民雖至愚, 其知如神"(「欺民及自欺」, 『人政』 권23, 『총서』 3, 509면 하단 좌측). 또 『人政』 권22 「朝廷用人民有先知」에 "民雖至愚, 自有生靈之知"(『총서』 3, 469면 하단 우측)라는 말이 보인다.

74_ 『人政』 권25 「萬人治一人治」(『총서』 3, 575면)

75_ "曰人君正心而正國"(『氣學』 권2 「自古論政治曰」條, 『총서』 5, 35면 상단 좌측); "統民運化之本, 在於人主, 而人主自盡其道, 登崇賢俊, 運無罅漏, 化達上下"(『人政』 권11 「統民制治」, 『총서』 3, 218면) 등에서 그런 입장이 잘 드러난다.

76_ 『人政』 권20 「萬姓願不願」(『총서』 3, 427면)

77_ 이 '통'(通)은 최한기의 기학에서 대단히 중요하며, 빈번히 구사되는 개념이다. 그것은 인식론적 의미와 함께 존재론적 의미를 갖는다.

78_ 이 경우 'nature'는 곧 'human nature'다.

79_ 이러한 인간의 자연화는 외양상으로는 어디까지나 자연이 인화(人化)되는 것처럼 이론화된다. 다시 말해 자연적 질서가 인간과 공동체의 가치와 질서로 연역되는 방식으로 논리화된다.

80_ 심지어 최한기는 용인(用人)이란 기계를 쓰는 것과 같다는 말까지 하고 있다. 『人政』 권20 「如用器械」(『총서』 3, 424면) 참조.

81_ 『推測錄』 권2 「人天物天」의 "天理人欲, 不是兩端"(『총서』 1, 131면) 참조. 그밖에 『人政』 권6 「人道家産成敗」(『총서』 3, 104면); 『推測錄』 권5 「義利」(『총서』 1, 167면); 『推測錄』 권6 「物欲自有中正」(『총서』 1, 209면); 『神氣通』 권3 「財所以安養神氣」

(『총서』1, 73면);『人政』권12「有加於衣食」(『총서』3, 246면);『氣學』권1의「財用爲人氣運化之物」條, 권2의「不達於運化者, 必有所蔽」條(『총서』5, 28면, 41면) 등 참조.

82_ "貨利亦運化中物"(『氣學』권2의「不達於運化者, 必有所蔽」條,『총서』5, 42면)

83_ 『氣學』권2「人之神氣, 因明悟而有記繹」條의 "統民政敎, 弛張愛欲, 要使天下人民愛欲, 各當其氣, 無相侵害"(『총서』5, 54면 상단 우측) 참조.

84_ "因其趨利之心, 進取利之大同, 則可進於仁義之利"(「義利」,『推測錄』권5,『총서』1, 167면)

85_ 「神氣通序」의 "天民形體, (…) 通神氣之器械也"(『총서』1, 7면 상단 우측);『神氣通』권2「窮格器用」의 "人身形體, 是一器械也. (…) 是知天下之物, 莫非有物, 而有物則必有所制之器. 人間事務, 皆有器用, 而有事務則必有其器"(『총서』1, 46면) 참조. 또『推測錄』권6「器用學」(『총서』1, 218면)에서 "蓋天是器也; 地亦器也; 人亦器也; 物亦器也. (…) 統言之, 則只有天之一器也. 分言之, 則天地人物, 各自爲器也"라고 한 말도 참조.

86_ 『기측체의』에서는 '유행지리'라는 말이 사용되나, 좀더 뒤의 저작인『기학』에서는 '유행지리'라는 말과 '운화지리'(運化之理)라는 말이 함께 사용된다. '유행지리'와 '운화지리'는 그 본질에 있어 같은 말이다. '추측지리'라는 말은 전후 저작에 모두 보인다. 이들 말의 용례에 대해서는『神氣通』권1「理由氣通」(『총서』1, 20면);「推測錄序」(『총서』1, 83면);『推測錄』권2「流行理推測理」(『총서』1, 123면);『推測錄』권3「心性理各有分」(『총서』1, 144면);『推測錄』권6「窮理不如推測」(『총서』1, 199면);『氣學』권1「氣之條理爲理, 條理卽氣也」條(『총서』5, 9면 하단 좌측) 등등을 참

조할 것.

87_ 본서의 주 53 참조.

88_ 최한기는 心氣와 大氣를 자식과 어머니의 관계에 비유한 바 있다. 『氣學』 권2 「理之有形無形, 爲學問之虛實」條(『총서』 5, 43면 하단 좌측) 참조.

89_ 최한기의 세계관 내지 세계인식이 기본적으로 이런 골격을 취하고 있다는 점은 의심의 여지가 없다고 생각된다. 그렇기는 하지만 최한기가 노비제와 축첩제(蓄妾制)를 부정하지 못한 것은 그 사상의 명백한 한계라고 하지 않으면 안된다. 적어도 이 점에서, 최한기는 인간의 그리고 남녀의 사회적 평등에 대한 사유를 좀더 철저하고 전면적으로 관철시키지는 못했다고 평가해야 마땅하다. 최한기의 사유가 보여주는 이러한 한계는 민(民)에 대한 그의 인식과도 관련된다고 보인다.

90_ 『人政』 권10 「神氣學運化」(『총서』 3, 198면)

91_ 『人政』 권6 「天下人道」(『총서』 3, 106면)

92_ 『人政』 권23 「爲身家國天下用人」(『총서』 3, 507면)

93_ 『氣學』 권1 「人我雖分, 自有所同」條(『총서』 5, 30면); 『推測錄』 권2 「大象一氣」(『총서』 3, 117면) 참조.

94_ 『氣學』 권2 「氣之大體, 學者功夫」條의 "活動運化之氣, 和物我"(『총서』 5, 51면); 『氣學』 권2 「有一事, 必也人物氣與我氣交關」條의 "究其可和之端以應之, 事可濟, 而人我俱安"(『총서』 5, 54면 하단 좌측) 참조. 한편 최한기는 송현(松峴) 상동(尙洞) 거주 시절 당호(堂號)를 '기화당'(氣和堂)이라 했는데, 이 '기화'(氣和)라는 명칭에는 최한기 사상의 정수(精髓)와 이상(理想)이 담겨 있는 것으로 여겨진다.

95_ 『人政』 권18 「畎畝敎法兆民有和」(『총서』 3, 389면)

96_ "人之愛其類, 有大小廣狹. 一統天下人民, 最廣大"(「愛有大小」, 『人政』 권25, 『총서』 3, 570면)

97_ "博愛人物, 眞是愛也"(위의 글, 위의 책)

98_ "學問本自昇平"(「學有治亂」, 『人政』 권12, 『총서』 3, 253면)

99_ 위의 글, 위의 책.

100_ 『人政』 권12 「運化中厄運」(『총서』 3, 231면) 참조.

101_ "論禮而殺人, 論文而殺人, 爭官而殺人, 爭財而殺人. 所殺之多小, 雖不同, 出於勝心而忍刻, 一也"(「相殺」, 『人政』 권23, 『총서』 3, 511면)

102_ 『人政』 권12 「排異不可急」(『총서』 3, 235면); 『人政』 권11 「辦異端」, 「敎化邪說」(『총서』 3, 210면, 222면); 『人政』 권13 「學問見害」의 "如以邪僞之學, 誑惑愚迷, 則當以王法禁斷而導化之, 固不宜誅及其人"(『총서』 3, 259면) 등 참조.

103_ 이 점에 대해서는 박희병, 『한국의 생태사상』(서울: 돌베개, 1999), 263~266면 참조.

104_ "keine leere Idee, sondern eine Aufgabe"(Immanuel Kant, *Zum ewigen Frieden*, Philosophische Bibliothek Band 443, Hamburg: Felix Meiner Verlag, 1992, 103면)

105_ K. Jaspers, Kants »Zum Ewigen Frieden«, *Philosophie und Welt*(München: R. Piper Verlag, 1958), 113면.

106_ "Das *Weltbürgerrecht* soll auf Bedingungen der allgemeinen Hospitalität eingeschränkt sein"(*Zum ewigen Frieden*, Philosophische Bibliothek Band 443, 69면)

107_ 이 경우 '조민'(兆民)은 세계인민을 가리킨다.

108_ 『人政』 권23 「坊朋黨漸」(『총서』 3, 510면); 『人政』 권24 「純一而無雜亂」(『총서』 3, 533면); 『人政』 권12 「運化中厄運」, 「諸敎勸懲」, 「學有治亂」(『총서』 3, 231면, 244면, 253면); 『氣學』 권2 「人氣運化有違於天氣運化者, 朋黨是也」條(『총서』 5, 36면 상단 우측) 등 참조.

109_ 『人政』 권25 「師運化」(『총서』 3, 567면); 『人政』 권22 「經術邪正」(『총서』 3, 478면) 참조.

110_ 『人政』 권20 「經術用不用」(『총서』 3, 429면); 『人政』 권14 「選經術」(『총서』 3, 289면); 『人政』 권23 「百僚一德」(『총서』 3, 520면); 『推測錄』 권6 「聖經本於天經」(『총서』 1, 185면) 등 참조.

111_ 『人政』 권12 「理學有實據」, 「理氣學」(『총서』 3, 235면, 243면)

112_ 張載, 『張載集』(四部刊要本, 臺北: 漢京文化事業有限公司, 간행연도 미상); 徐敬德, 『花潭集』(서울: 여강출판사 영인본, 1985) 참조.

113_ 任聖周, 「鹿廬雜識」, 『鹿門集』(서울: 경문사 영인본, 1976, 382~401면); 戴震, 『孟子字義疏證』(北京: 中華書局, 1980) 참조.

114_ 이는 어떤 면에서 기철학의 단순화 내지 속화(俗化)로 간주될 수도 있다. 최한기의 기 개념에 내재된 이런 성향은 전통적 기철학과 서양의 자연과학을 결합시키고자 하는 의욕이 지나쳐 초래된 것으로 보인다. 최한기가 이따금 공기와 기를 동일시

함으로써 기의 개념을 협소화시켜 버리곤 하는 것(「水族蠢動, 以水爲活動運化之氣」條, 『氣學』 권2, 『총서』 5, 51면 상단 좌측; 「氣熱生風」, 『推測錄』 권2, 『총서』 1, 126면)도 이와 무관하지 않다.

115_ 가령 『人政』 권8 「敎學虛實」(『총서』 1, 159면)에서 "不可知之所以然, 苦心究索, 非但勞憔無益, 反易陷於虛無荒誕. 大則有天地運化之氣, 排布星曜, 化生萬物, 但當資賴依據, 承順遵行, 不可究其所以然, 至近切用之一身形體, 但當隨習須用, 固難究其所以然. 至於大黃之寒, 附子之熱, 但當從其寒熱而服之, 不可究其寒熱之所以然. 金石土木, 禽獸魚鱉, 莫不皆然"이라 한 말이 그 좋은 예다.

116_ "不可究索, 存而勿論"(「經綸濟世之人, 隨其局量才智」條, 『氣學』 권1, 『총서』 5, 28면 상단 우측). 이러한 주장은 『人政』 권11 「前知不可」(『총서』 3, 219면)에서 말하고 있듯 전지(前知)의 술(術)과 같은 미신적인 것을 거부하는 주장인 한 정당하다. 문제는 그러한 주장이, 일견 알아낼 수 없을 것처럼 보이기도 하는, 사물의 근원적 이치나 현상의 소이연에 대한 탐색을 미리서부터 차단하는 쪽으로 작용할 경우다. 그럴 경우 그것은 과학의 정신과도 배치된다.

117_ "神天之無形, 激氣學之有形"(「天下之能除習染者」條, 『氣學』 권2, 『총서』 5, 44면 하단 좌측). '神天'은 천주(天主)를 가리킨다.

118_ 이 점에서 '표준'은 기기(器機) 내지 기계에 대한 최한기의 관심 및 중시(重視)와 원리적으로 연결된다.

119_ 일례로 『氣學』 권2 「造書契後四五千年」條(『총서』 5, 48면 상단)를 참조할 것.

120_ 박희병, 『한국의 생태사상』, 199면, 265면 참조.

121_ 『人政』 권11 「古今通不通」(『총서』 3, 218면)

122_ 학문을 '유용지학'(=실용지학)과 '무용지학'으로 나눈 다음 무용지학은 의미가 없고 유용지학=실용지학만이 의미가 있다는 주장은 『人政』 권11 「積累」(『총서』 3, 223면)에 보인다.

123_ 『人政』 권25 「捨虛取實」(『총서』 3, 557면); 『人政』 권17 「以文取捨」(『총서』 3, 367면) 참조.

124_ 위의 주 참조. 또 『人政』 권20 「文質取捨」(『총서』 3, 427면)도 참조. 이 경우 문학에 대한 정치의 우위는 문학에 대한 기학의 우위이기도 하다. 『人政』 권11 「古今通不通」(『총서』 3, 218면)에서 이 점이 확인된다.

125_ 『人政』 권15 「選文藝」(『총서』 3, 298면); 『人政』 권25 「文字意思」(『총서』 3, 570면). 최한기의 이러한 주장은 그것이 당대의 투식화(套式化)한 과문(科文: 科擧文章)이나 진실성을 상실한 문학행위가 지닌 문제점을 지적한 것인 한 정당성을 갖는다. 하지만 최한기의 주장은 이를 넘어 문학 일반이 갖는 어떤 비실용적 면모에 대한 비판과 혐오를 보이고 있다는 점에서 문제다.

126_ 『人政』 권10 「求道於氣」(『총서』 3, 193면)

127_ 하지만 오해하지 말아야 할 점은, 기학이 **오로지** 실용주의로만 일관하는 것은 아니라는 사실이다. 기학은 그것이 보여주는 실용주의적인 면모에도 불구하고 이상주의적 면모 역시 강하다. 이 두 가지 면모는 사실 동거하기 어려운 것임에도 기학은 둘의 동거를 보여준다. 이 점에서 기학에 내재된 실용주의는 오늘날의 실용주의와 통하는 점을 일부 가지**면서도** 오늘날의 실용주의와 똑같지는 않다.

128_ 본서의 주 81 참조.

129_ 최한기는 도의를 공공(共公)이라고 보았다. "道義者, 天下之共公"(「克己」, 『推測錄』 권4, 『총서』 1, 154면)

130_ 『推測錄』 권4 「克己」(『총서』 1, 154면); 『神氣通』 권3 「善惡利害」(『총서』 1, 77면) 참조. 또 『人政』 권12 「有加於衣食」(『총서』 3, 246면); 『氣學』 권2의 「不達於運化者, 必有所蔽」條, 「人之神氣, 因明悟而有記繹」條(『총서』 5, 41면, 54면 상단 우측) 등도 참조.

131_ 그러므로 최한기에게 있어 '리'(利)란 선이 될 수도 있고 악이 될 수도 있는바, 그 자체가 선이나 악은 아니다. '리'는 '사'(私)와 결합될 경우 악이 되지만, '공'(公) 과 결합될 경우 선이 된다. 이 점에서 '인의지리'(仁義之利)나 '리지대동'(利之大同)이라는 말도 성립될 수 있다(「義利」, 『推測錄』 권5, 『총서』 1, 167면). 이에서 보듯 최한기의 사유에서 '사'(私)와 '리'(利)는 주자학에서처럼 등치되지 않는다.

132_ 그래서 다음과 같은 말이 가능해진다. "競鬻無用之貨, 滋漫淫侈之弊, 不顧民用之利害, 惟喜肥己之厭飫, 當禁之商也"(「工商通運化」, 『人政』 권25, 『총서』 3, 572면)

133_ 『人政』 권11 「除物欲」에서 "運化敎之得中"이라 한 말(『총서』 3, 228면 하단 우측); 『推測錄』 권6 「物欲自有中正」에서 "元有中正至善之道理"(『총서』 1, 209면)라고 한 말 참조.

134_ 최한기는 원론적인 수준에서 인민의 저항권을 승인한 바 있고(본서의 주 72에서 언급된 자료 참조) 이 점에서 '리버티'라는 의미에서의 자유에 대한 고려가 전연 없었다고는 할 수 없을지 모르지만, 문제는 그것이 아직 개념적 사유로까지 전개되

고 있지 못하다는 사실이다.

135_ 이 인물은 이름이 '지'(贄)이며 '탁오'(卓吾)는 그 자(字)다. '탁월한 나'라는 뜻의 예사롭지 않은 그 자(字)가 상징하듯, 이지(李贄)는 개인의 내면적 자유를 옹호하는 사상투쟁을 전개했다. 이 경우 내면적 자유에는 문예와 사상의 자유가 모두 포함된다.

136_ 「名次子說」, 『惠岡雜藁』, 『총서』 5, 388면 참조.

137_ "人生原無士農工商之定限, 朝廷惟有人品貴賤之取捨"(「工商通運化」, 『人政』 권25, 『총서』 3, 572면)

138_ 『人政』 권11 「凡人不識統民」(『총서』 3, 214면)

139_ 『人政』 권14 「選律嚴明」의 "以敎養人民, 爲不違之大坊, 選內外要任. 以各技雜藝, 擧散職役使, 俾完一體政治"(『총서』 3, 285면); 『人政』 권18 「智巧之誠正邪僞」의 "國歌事務浩穰, 選人亦廣, 技藝工匠, 皆可預選. 至於智巧之人, 雖不可與論於治安大道, 些少妨碍之解釋, 乃斯人之所能, 當察中情之誠僞邪正, 若是誠正之智巧, 可用於大小事務"(『총서』 3, 392면); 『人政』 권19 「捨短取長」의 "盖治安之職, 選擇人道運化修明之人, 一時濟事之任, 須用才能技藝偏穿之人"(『총서』 3, 400면) 등 참조. 또 『人政』 권18 「局外選賢俊」(『총서』 3, 392면)에서 확인되듯 이른바 '현준안'(賢俊案: 인재 리스트)은 (1)식견과 도량이 통달하여 민(民)을 교화할 수 있는 사람과 (2)그 기예가 치안을 보조할 수 있는 사람, 이 두 부류로 나뉘어 구성된다.

140_ 그러므로 위의 인용문 바로 앞 구절의 "用人之道, 何獨不行於工商乎?"라는 말은 특별히 유의되지 않으면 안된다.

141_ 이러한 진보성과 한계는 앞에서 지적했듯 상승하는 하층양반으로서 도시중간층에 속해 있던 최한기의 계급적 성격에서 말미암는다고 생각된다.

142_ 최한기는 사민(四民)에 '직'(織)과 '의'(醫) 둘을 더 보태 '사·농·직·공·상·의'(士農織工商醫)를 말함으로써(「善用人及善爲人用」,『人政』권25,『총서』3, 555면) 직업에 대한 이해를 확장했다고 지적되지만, 이 경우도 맨 앞의 '사'와 나머지 다섯 사이에는 소업(所業)의 차이 이상의 사회적 차이가 엄존한다는 점을 부인하기 어렵다.

143_ 『人政』권16「國心選人」(『총서』3, 326면)

144_ '공치'의 기본내용에 있어『인정』과『향약추인』사이에는 본질적 차이가 존재하지 않는다.

145_ 『鄕約抽人』,『총서』5, 310면 하단 우측.

146_ 위의 책, 315면 상단 좌측.

147_ "五倫乃天生之人道"(「人道」,『人政』권8,『총서』3, 156면 하단 우측). 또『人政』권25「推五倫爲用人法」(『총서』3, 559면)에서는 "人皆知五倫之有稟於天, (…) 天卽運化氣也"라고 했다.

148_ "天下周行之商, 局量排布, 異於坐販行商, 或有收聚天下善道者, 或有挾帶兵船侵掠者. (…) 若以狹見測之, 以不善示之, 以不善之事傳播遐邇諸國, 使擧國之人, 皆歸之于不善. 是一人不善測之害, 至使擧國有不善之名"(「商」,『人政』권6,『총서』3, 99면 상단)

149_ 더 거슬러 올라간다면 이외에도 전설적인 인물들인 삼황오제(三皇五帝)를 추가할

수 있을 것이다.

150_ 『人政』 권25 「師運化」의 "師聖人, 不如師運化. 聖人元來師天之運化而成道學"(『총서』 3, 567면) 참조.

151_ 「童心說」, 『焚書/續焚書』(四部刊要本, 臺北: 漢京文化事業有限公司, 1984), 99면 참조.

152_ 동시에, 이탁오의 경우 유가(儒家)의 성인이 누려 온 절대적 권위를 해체하는 작업은 불교의 석가와 도가의 노자 역시 성인으로 승인함으로써 공자를 상대화해 버리는 방식으로 진행된다는 특성이 있다. 이에 반해 최한기는 성인이 중국에만 있는 것이 아니라 **세계 각국에 있다고** 보는바 이에 의해 중국의 성인을 상대화시킨 면이 있다. 『承順事務』 「通行宇內, 莫如承順」의 "至於各國聖人所自心得之要道至言"(『총서』 5, 342면); 『明南樓隨錄』 「中國聖賢經傳」條의 "中國聖賢經傳, 使西國賢知讀之, 必有取有捨; 西國聖賢經傳, 使中國賢知讀之, 必有取捨"(『총서』 5, 301면 상단 우측) 등 참조.

153_ 가령 『인정』은 측인문(測人門), 교인문(敎人門), 선인문(選人門), 용인문(用人門)이라는 네 개의 대주제로 구성되어 있다. 한편 측인문은, 측인문이라는 대주제 아래 (1)총론, (2)용모, (3)행사(行事), (4)오륜, (5)천인운화, (6)지위, (7)인도(人道), (8)감평(鑑枰)이라는 여덟 개의 중주제를 설정해 놓고 있다. 『추측록』은 추측제강(推測提綱), 추기측리(推氣測理), 추정측성(推情測性), 추동측정(推動測靜), 추기측인(推己測人), 추물측사(推物測事)라는 여섯 개 대주제 아래 소주제들을 배치하고 있다. 한편 『성호사설』은 천지문(天地門), 만물문(萬物門), 인사문(人事門), 경사문(經史

門), 시문문(詩文門)이라는 다섯 개의 문목(門目) 아래 각기 독립된 작은 제목의 수많은 글들을 포치(布置)해 놓고 있어, 형식적으로만 본다면 『인정』과 아무런 차이가 없는 것처럼 보인다. 하지만 내용적으로 볼 때 『성호사설』의 이들 문목(門目)은 단순한 분류상의 제목일 뿐 『인정』이나 『추측록』의 대주제와 같이 뚜렷한 주제의식을 담고 있지는 않다. 바로 이 점에서 『성호사설』은 '사설'(僿說: 자잘한 담론이라는 뜻. 하지만 '자잘한'이라는 말이 '중요하지 않은'이라는 뜻은 아니다. 이런저런 단상들을 잡다하게 모아 놓았다는 뜻일 뿐이다)이지만, 『인정』이나 『추측록』은 '사설'이 아니다. 『성호사설』이나 『일지록』을 백과전서적 성격의 저술이라고 한 것은 이 때문이다. 요컨대 『인정』이나 『추측록』은 일관된 주제의식에 따라 집필된 책이라는 점에서 『성호사설』이나 『일지록』과는 그 성격을 달리한다.

154_ 이들 신조어는, 그 전부는 아닐지 모르지만 그 대부분은 최한기의 두뇌에서 만들어진 것으로 생각된다.

155_ 학문을 전문화, 세분화하는 이런 시도는 적어도 한국 사상사에서는 최한기에 의해 처음 이루어진 것이라 하겠는데, 변화하는 현실에 학문적으로 적극 대응하고자 한 최한기의 고심을 읽을 수 있다. 비록 기학 자체는 종합학문으로서의 면모를 띠고 있으나 최한기는 학문의 전문화, 세분화의 길을 염두에 두고 있었다고 여겨진다.

156_ 이건창(李建昌)이 쓴 최한기의 전기 「혜강최공전」(惠岡崔公傳)의 다음 구절에서 최한기의 이런 면모를 잘 확인할 수 있다: "遇有所解, 伸紙疾書, 頃刻數千言. 或言: '字句有失檢.' 卽應之曰: '其然乎? 盍爲吾改之? 吾豈爲文章者哉?'"(『총서』 1의 卷頭 圖錄)

157_ 물론 최한기의 모든 글이 다 그런 것은 아니다. 최근에 발견된 최한기의 문집 초고에 실려 있는 일부 문학적인 글들은 이런 지적의 밖에 있다. 그러니까 지금 나의 지적은 『기측체의』나 『인정』 등 기학이 수립된 이후의 학문적 저술을 주로 염두에 두고 한 말이다.

158_ 이 점에 대해서는 박희병, 「임화의 이식문학론 비판」(『한국문화』 22, 서울대 한국문화연구소, 1998) 참조.

159_ 이 점은 서(西)에 대해 동(東)만 그런 것이 아니라, 동(東)에 대해 서(西) 역시 그렇게 인식되고 있다. 가령 『承順事務』「中西通用氣數道理」의 다음 구절에서 그 점을 잘 확인할 수 있다: "西國以敎文遞改, 氣數漸明, 隨時運化, (…) 經常道理, 何必慕效中國遵行?"(『총서』 5, 343면 상단 좌측)

160_ '참호'(參互)라는 말은 『承順事務』「對遠國人以承順」의 "兩國人相遇, 彼此參互"(『총서』 5, 341면 상단 우측) 및 「身機踐驗序」의 "大事取驗, 當合宇內見聞, (…) 可致參互折中之方"(『총서』 4, 265면 하단 우측)에서 가져온 말이다.

161_ 이상의 사실은 이우성 선생이 『총서』 1에 얹은 「해제」 중의 '혜강 연표' 및 권오영 씨의 저서 『최한기의 학문과 사상 연구』(서울: 집문당, 1999) 말미에 수록된 「연보」 참조.

162_ 원제는 『學問のすすめ』.

163_ 원제는 『文明論之槪略』.

164_ 「朝鮮獨立黨の處刑」이라는 제목의 1885년 2월 23일자 『時事新報』 사설(『福澤諭吉全集』 10, 東京: 1960, 岩波書店, 223면 所收) 참조. 또 같은 제목의 同年 2월 26일

자 사설에서는 "조선은 야만국이라고 평하기보다 오히려 요마악귀(妖魔惡鬼)의 지옥국이라고 말하고 싶다"(『福澤諭吉全集』 10, 225면)라고 했다.

165_ 「朝鮮人民のために其國の滅亡を賀す」라는 제목의 1885년 8월 13일자 『時事新報』 사설(『福澤諭吉全集』 10, 379면 所收) 참조.

166_ 이상의 사실은 『國史大辭典』 第十二卷(東京: 吉川弘文館, 1991), 73~74면의 '福澤諭吉' 항목; 『改訂增補日本史辭典』(京都大學文學部國史硏究室編, 24판, 東京: 東京創元社, 1978), 439면의 '福澤諭吉' 항목 참조.

167_ 이상의 사실은 마루야마 마사오·가토 슈이치, 『번역과 일본의 근대』(임성모 역, 서울: 이산, 2000) 참조.

168_ 가령 최한기에 대한 제문(祭文)을 남기고 있는 김수실(金秀實) 같은 인물이 긍업재(肯業齋) 운영을 통해 배출된 최한기의 제자가 아닐까 생각된다. 김수실의 제문은 최근에 발견된, 최한기의 장남 최병대의 수기(手記) 속에 들어 있다. 『崔柄大亂筆隨錄』, 『총서』 5, 418면 참조.

169_ 佐久間象山, 『省諐錄』, 日本思想大系 55(東京: 岩波書店, 1971), 413면.

170_ 崔益鉉, 「持斧伏闕斥和議疏」, 『勉菴集』(縮印重刊本), 64~68면 참조.

171_ 『明南樓隨錄』「中國聖賢經傳」條(『총서』 5, 301면); 『承順事務』「中西通用氣數道理」(『총서』 5, 342면) 참조.

172_ 『禮記』(『十三經注疏』 5, 嘉慶二十年 江西南昌府學開雕本, 藝文印書館 印行), 412~414면.

173_ "同猶和也, 平也"(위의 책, 413면); "康, 安也. (…) 言小安者, 失之則賊亂將作矣"(위

의 책, 414면)

174_ 『해국도지』를 지은 바로 그 위원이다.

175_ "夫浩浩元氣, 造起天地, 天者一物之魂質也, 人者亦一物之魂質也. 雖形有大小, 而 其分浩氣於太元, 挹涓滴於大海, 無以異也. 孔子曰:'地載神气, 神气風霆. 風霆流形, 庶物露生.' 神者有知之電也. 光電能無所不傳, 神氣能無所不感. 神鬼神帝, 生天生 地, 全神分神, 惟元惟人, 微乎妙哉! 其神之有觸哉, 無物無電, 無物無神. 夫神者, 知 氣也, 魂知也, 精爽也, 靈明也, 明德也. 數者異名而同實"(『大同書』, 民國叢書 第3編 7, 上海: 上海書店, 1991, 4면. 이 책은 원래 中華書局 1935년판의 영인본임). 이하 『大同書』의 인용 면수(面數)는 이 책의 것임.

176_ "蓋天之生物, 人物皆爲同氣. 故衆生皆爲平等"(위의 책, 446면)

177_ "生於大地, 則大地萬國之人類, 皆吾同胞之異體也. 旣與有知, 則與有親"(같은 책, 4 면)이라고 하거나, "天之子也可"(같은 책, 18면)라고 한 데서 그 점을 확인할 수 있 다.

178_ "凡鳥獸則純毛, 野蠻地人, 體亦多毛, 文明之人剪髮. 太平之人, 文明之至也. 故一毛 盡拔, 六根淸淨"(같은 책, 448면)

179_ "夫獸豸最汚者無論也, 野蠻又最汚者. 垢面臭口, 臥地便旋, 餘穢迫人. (…) 所謂惡 亂者汚也, 所謂文明者華潔也"(같은 책, 449면)

180_ "太平之世, 人人皆色相端好, 潔白如玉"(같은 책, 449면)

181_ "如達爾文(다윈―인용자)者, 則創天演之說, 以爲天之使然, 導人以競爭爲大義. 於 是競爭爲古今世界公共之至惡物者. 遂揭日月而行, 賢者皆奉之而不恥. 於是全地莽

莽, 皆爲鐵血. 此其大罪, 過於洪水甚矣. 夫天演者, 無知之物也"(같은 책, 429면)

182_ "惟黑種之人, (…) 至蠢極愚"(같은 책, 187면)

183_ "區區黑人之惡種者, 誠不必使亂我美種而致退化"(같은 책, 188면)

184_ "大抵由非洲奇黑之人, 數百年進爲印度之黑人, 由印度之黑人, 數百年可進爲棕人, 不二三百年, 可進爲黃人, 不百數十年, 可變爲白人"(같은 책, 188면)

185_ "速則七百年, 遲則千年, 黑人亦可盡爲白人矣"(같은 책, 188면)

186_ "各國政教運化, 因土宜俗尙, 測人微有不同. 紅毛之國, 紅毛何嘗爲賤格, 黑面之國, 黑面未必爲醜貌"(「天下測人同異」, 『人政』 권1, 『총서』 3, 17면)

187_ '우생학'을 뜻하는 'eugenics'라는 단어는 다윈의 사촌인 갈톤(F. Galton)이 만든 말이다. 그 인적 관련이 암시하듯 우생학은 다윈주의에 기초해 있는 이데올로기다.

188_ 같은 책, 339면.

189_ 같은 책, 435면.

190_ 같은 책, 436면.

191_ 같은 책, 110~111면 참조. 특히 다음 구절이 주목된다. "故今百年之中, 諸弱小國, 必盡夷. (…) 文明之國民愈智, 劣下之民種漸微. (…) 百年中弱小之必滅者, 瑞典·丹麥·荷蘭·瑞士將合於德, 歐東諸小或合於俄, 亞洲之阿富汗·高麗·暹羅·埃及·摩洛哥是也." 인용문 중 '高麗'는 조선이다. 이에서 알 수 있듯 『대동서』는 강대국이 약소국을 합병하는 추세를 자연스런 형세로 보아 승인하고 있으며, 오히려 그것을 대동으로 나아가는 과정으로 간주하고 있다.

192_ "皆有文明之嚮, 波及亞洲, 與拿破崙之大倡民權, 爲有後世功者"(같은 책, 417면)
193_ '절중'(折中)이라는 말은 「身機踐驗序」(『총서』 4, 265면 하단 우측)에 보이는데, '절충'과 같은 뜻이다.
194_ 최한기의 이런 생각은 아주 일관된 것이어서 동서(東西)의 의학을 보는 관점에까지 관철된다. 가령 『身機踐驗』의 「凡例」에는 "互相師效"니 "中西補益"이니 하는 말을 구사하면서 동서 의학의 장점을 취사(取捨)해야 함을 주장하고 있다(『총서』 4, 266면 하단 좌측).
195_ 『人政』 권12 「戒色」(『총서』 3, 248면) 참조.
196_ 최한기의 이런 면모는 다음 말에서도 확인된다. "至於風俗禮敎, 自有風氣之攸宜, 薰陶之習染, 縱有勝我者, 不可以猝變 (…) 畢竟勝紐, 不在於風俗禮敎"(「東西取捨」, 『推測錄』 권6, 『총서』 1, 215면)
197_ 다음과 같은 발언에서 그 점이 잘 드러난다. "蓋人治極强, 受其馴擾者, 則生存而孶其種, 不受馴擾者, 則掃除而絶其種, 亦人治之不得不然者耶"(『大同書』, 436면)
198_ Carolyn Merchant, *The Death of Nature*(Harper SanFrancisco, 1990), 169면에서 재인용.
199_ 『대동서』가 보여주는 남녀평등에 대한 고원한 이상이라든가 가족제도에 대한 비판적 고찰, 그리고 동성애에 대한 과감한 긍정 등은 인류가 추구해야 할 보편적 가치를 '확장'시켰다고 이를 만하다. 『대동서』의 이런 부분들은 사회주의 페미니즘의 어떤 주장들을 떠올리게 한다.
200_ 우리는 앞에서 기학의 견고한 체계가 갖는 문제점을 비판적으로 고찰한 바 있다.

하지만 여기서 확인되듯 기학의 견고한 체계는 문제점만 갖는 것은 아니다. 그것은 동전의 양면처럼 양가적(兩價的)이다. 비단 이 경우만이 아니라 최한기 사유의 종종의 특징들은 이런 양가성(兩價性)을 갖는 경우가 많다. 양가성은 최한기 사상의 모순을 보여주는 것이기도 하다.

201_ "蓋以一心爲萬化之源者, 凡事皆先究於心, 而後稽于事物, 主我之病, 所由始也. 曷若以事物運化, 得之于外, 藏之于心, 隨機而行之于外, 無主我之病, 有順天之效?"(「心氣運化之目」條, 『氣學』 권2, 『총서』 5, 32면 상단 좌측)

202_ "제대로 작동하는 것처럼 보일지라도"라고 한 것은, 기실 이 주체는 내부에서도 억압과 차별과 배제를 낳기 때문이다. 하지만 내부에서 확인되는 이 억압과 차별을 외부에 가해지는 저 억압 및 차별과 무조건 동일시해서는 안 될 일이다.

203_ 박희병, 「淺見絅齋와 洪大容」, 『대동문화연구』 40집(성균관대학교 대동문화연구원, 2002. 6), 403면 참조.

204_ "主我者輕, 主物者深, 庶幾通天人而少差謬"(「形質推測異通」, 『神氣通』 권1, 『총서』 1, 25면)

205_ 『高宗實錄』 上(서울: 탐구당, 1970), 高宗 13년(1876) 丙子 正月 初三日條. 관련 부분을 보이면 다음과 같다: "前正言崔炳〔柄〕大疏略: '見今內而郊坰, 明火强盜, 攘竊不戢, 外而畿沿, 駕海異船, 碇泊有日. 臣未知廊廟勝筭, 有何定策, 而仄聽累日, 尙未聞命一將發一卒, 防守要害, 倘或歸之不足憂而然歟? 必無事而然歟? 人情沸悶, 巷議喧藉. 伏願講明治平之道, 商確備禦之策, 以收先爲不可勝之效焉.'"

206_ "倭舶窺仁川, 惠岡子炳〔柄〕大上疏, 言不可以恃和撤備. 大臣劾奏遠配. 惠岡送之,

無難色曰: '汝能以言獲罪, 可謂榮矣. 禍福非所恤也'"(「惠岡崔公傳」,『총서』1의 卷頭 圖錄)

207_ 이 점에서 이 발문들은『인정』과『기학』에 대한 훌륭한 '입문서'(비록 책은 아니고 간단한 글에 불과하지만)라고 평가할 수 있다.

208_ "若有一毫補益之策, 豈不伏達禦洋之策? 間或對人論說, 亦出於敵愾之心"(「家大人答鄭岐源書」,『崔柄大亂筆隨錄』,『총서』5, 400면 하단 우측)

찾아보기

ㄱ
가족제도 160
갈색인종 165
갑신정변 160
강유위(康有爲) 132, 151, 156, 159, 160, 167~173
강자(强者) 166
강화도 조약 177, 178
개발독재 19
개방적 46, 47
개별 67
개별성 78
개성 45
개인 116
개인의 사적 자율성 116
개인의 자유 162
개항 150, 178~182
개화기 공간 183, 184

개화사상 34, 179~181
개화파 146
개화파 지식인 180
게이오 의숙(慶應義塾) 145, 148
결혼제도의 철폐 160
겸손한 주체 175
경문(經文) 130, 133
경세론 179
경쟁 162, 164
경전 80, 103, 104, 129, 133, 134
경전 해석학 103
경전주소(經典注疏) 형식의 글쓰기 136
경전주의 76, 78, 104
경학(經學) 133, 137
경험 72, 73, 77, 137
경험론 110, 126, 127
경험론자 18, 126, 127

경험적 14
계급모순 68
계몽 127, 147
계몽적 141
계몽적 기도 140
계측(計測) 109
고(古) 61, 110, 112, 133
고문(古文) 139
고염무(顧炎武) 135
공(空) 107, 112
공(公) 79, 80, 114
공거(公擧) 80
공공(公共) 157
공론(公論) 80, 81, 122
공리주의 106
공맹(孔孟)의 도 55
공상적 60
공상적 사회주의 160

공선(公選) 79, 80
공양학(公羊學) 159
공양학파 159
공의(公議) 80, 114, 115, 122
공자 54, 55, 129, 156, 159, 170
공자교(孔子敎) 170
공자진(龔自珍) 159
공적 세계 118
공적 영역 116
공적 질서 117, 118
공존 148
공치(共治) 122, 123
공화제 100
과거제도(科擧制度) 80
과학기술 32, 33, 77, 150, 152, 167
관계적 주체 174
관념론 126
관용 98
교역(交易) 34, 46
교접운화(交接運化) 138
구현된 근대 24
국가 128, 160
국가개혁 184
국가의 독립 148
국가의 철폐 166
국가이익 155
국가주권 129, 162

국가주의 148, 189, 190
국민국가 129, 172
국정개혁 122
국제공법 162
국제관계 64, 129, 155
국제무역 57
국제법 99, 162
국제정치 53
국제정치론 96
국제주의 57
군주제 190
권돈인(權敦仁) 50
귀천운화(貴賤運化) 138
규범성의 탈색 77
극(剋)의 계기 43
근대 16, 23~25, 30, 70, 127, 142, 185, 188
근대 너머의 세계 70
근대 베끼기 173
근대구상 24~26, 181
근대극복 16, 89
근대기획 18, 24, 89, 90, 143, 181
근대를 넘어선 글쓰기 15
근대문명 99
근대미달 24
근대사상 14, 121, 160
근대상(近代像) 22
근대서구 81

근대성 18~22, 121, 126
근대성찰적 21
근대성찰적 접근 26
근대성찰적 접근법 21, 22
근대세계 108, 116, 124, 134, 140, 142, 188
근대에의 미달 89
근대의 극복 15
근대이성 85, 91
근대적 14, 21, 24
근대적 계기 22
근대적 글쓰기 15
근대적 생산양식 85
근대적 세계관 87
근대적 세계상 18
근대적 이성 85
근대적 자아 116
근대적 주체 176
근대적 편린 22
근대정치 80
근대주의 18~20
근대주의적 43, 121, 126
근대주의적 발상법 89
근대주의적 시각 21, 22
근대주의적 접근법 23
근대지향성 20
근대화 18, 19, 89, 180
근대화 모델 180

근대화 사상 189
글쓰기 13, 49, 133, 134, 140~142
금(今) 61, 112, 133, 134
금의 사상가 133
긍업재(肯業齋) 144, 147
기(氣) 27, 28, 33, 41, 58, 84, 95, 105, 106, 124, 169
기(器) 151, 153
기계 86, 87, 163
기계론 16, 87~89
기계론적 세계관 85
기계적 85
기계학(器械學) 137
기기(器機) 33, 86, 153
기독교국가 91
기왕운화(旣往運化) 138
기용운화(器用運化) 138
기용학(器用學) 137
기의 절대화 125
기일(氣一) 95
기일분수(氣一分殊) 67
기일분수론(氣一分殊論) 95
기조(François Guizot) 147
기철학(氣哲學) 71, 105, 106, 109, 124, 161, 162, 171
기철학자 106
기철학적 존재론 166

『기측체의』(氣測體義) 13, 179
기학(氣學) 29~33, 39, 40, 52, 58, 60, 67, 74~78, 94, 99, 102~106, 109, 119, 120, 123~125, 127, 130~132, 134, 137, 142, 143, 153, 168, 171, 179, 182, 184
『기학』 144, 177, 179
기학적 이상주의 99
기학적 존재론 162
기화(氣化) 60
기화당(氣和堂) 144
기화도리(氣化道理) 139
기화운행(氣化運行) 139
김구 70
김려(金鑢) 117
김성탄(金聖嘆) 117
김옥균 146
김옥균 일파 180
김윤식(金允植) 150, 180
김정희(金正喜) 50
깨끗함 컴플렉스 164

ㄴ

나이브떼(naïveté) 39
나폴레옹 167
낙관론 47
낙관적 34, 57, 59, 65, 186

낙관주의 14, 124
난세(亂世) 159
난학(蘭學) 145
남녀의 불평등 160
낭유학(稂莠學) 138
내면성 117, 118
내면의 왕국 116
내면적 자율성 116
내발적 14
내정론(內政論) 64, 106
네이션(nation) 129

ㄷ

다성적(多聲的) 93
다원론적 학문관 110
다원주의 94
다위니즘(Darwinism) 164, 167, 169, 173
다원주의 → 다위니즘
단언적 141
달단(韃靼) 37
담사동(譚嗣同) 159
당금지운화(當今之運化) 138
당연(當然) 72~74
당위 82, 95
대국주의 169
대기운화(大氣運化) 28, 32, 34, 39, 71, 76~78, 84, 100, 104,

126, 130, 138, 139, 170
대도(大道) 157
대동(大同) 16, 24, 32, 34, 58, 67, 92~95, 105, 109, 156~159
대동사상 187
『대동서』(大同書) 156, 159~164, 166, 167, 170, 171
대동설(大同說) 170
대동세(大同世) 166
대립적 주체 174
대만 37
대외관계 47
대원군 145
대의제 100, 123
대주제(大主題) 136
대진(戴震) 106
도(道) 151, 153
도가(道家) 105, 107, 109, 132
도구적 92
도구적 이성 85
도덕 74, 75, 80, 82, 116, 133
도덕수양 79
도덕적 이상주의 99
도덕철학 99
도덕형이상학 75, 77, 84
도시중간층 46~48
도태 166
도학 130

독단적 109
독립 48, 155, 182
독립자존 148
독립협회 180
독부(獨夫) 58
동(東) 32, 43, 61, 62, 102, 143, 152, 178
동(動) 188
동도동기론(東道東器論) 152
동도서기론(東道西器論) 32, 33, 150, 152, 154, 155, 180
동도서기론자 153
동서(東西) 31, 34, 40, 44, 50, 52, 57, 62, 152
동서도기참호론(東西道器參互論) 154
동서도기취사론(東西道器取捨論) 154
동서문명 167
동서양 143
동서의 경전(經典) 32
동서취사론(東西取捨論) 32, 155
동아시아 23, 36, 39, 50, 56, 61, 64, 65, 67, 84, 98, 102, 104, 108, 117, 118, 129, 134, 142~144, 149, 152, 155, 156, 163, 169, 176, 181, 185, 186

동아시아 글쓰기 136
동아시아 기철학 30
동아시아 사상 15
동아시아 유학 130
동아시아 유학사 132
동아시아의 전통적 사유들 24
동아시아적 107
동학농민군 182
두 가지 소거 41

ㄹ

러시아 36, 38
리(理) 41, 105~107
리버티(liberty) 116
리얼리즘 16, 78, 94, 155, 188, 189
리얼리티 39, 128

ㅁ

마테오 리치 23
막말(幕末) 146, 150
막부(幕府) 145
막부(幕府)의 대장군(大將軍) 66
『만국 공법』(Elements of International Law) 147
만기운화(萬機運化) 138
만민운화(萬民運化) 138, 139

만세(萬世)의 태평(太平) 94
만수(萬殊) 68, 106
만인치(萬人治) 82
만주(滿洲) 37
맑스(K. Marx) 20
맑스주의 20, 124
맑시즘 → 맑스주의
맹자 54
메이지 145, 150
메이지 유신 67, 151, 180
명남루 17
『명남루총서』 17
명덕(明德) 161
명분론 78
명분지학(名分之學) 96, 103
모더니즘 134
몽테뉴 136
무(無) 105, 112, 188
무사(武士) 38
무사공평(無私公平) 158
무술변법(戊戌變法) 151
무왕(武王) 129, 158
무위(無爲) 188
무정부주의 160
무형(無形) 41, 105~107, 111, 112
무형지리(無形之理) 41
묵가(墨家) 109

문명 16, 91, 92, 94, 146, 149, 154, 162, 163, 166~170
문명개화 180, 181
문명개화론 150~152, 154, 155
『문명론의 개략』 146
문물제도 130
문벌 78
문식(文飾) 110
문예 117, 118
문예의 폐단 110
문왕(文王) 129, 158
문체 139, 140
문치주의 53
문학과 정치의 분리 111
문학에 대한 폄하 110
문호(門戶) 79, 103
문호(門戶)의 학문 96
문호개방 46, 179, 181, 184
문호개방론 48
문화상대주의 168
물류학(物類學) 137
물아(物我) 30
물질 108
물질성 28, 106
미개 149
『미국 민주주의론』(Da la démocratie en Amerique) 146

민(民) 79, 80, 190
민권 162
민심(民心) 79, 81
민원(民願) 79
민의(民意) 79, 82
민정(民情) 79
민족 59, 170
민족모순 68
민족적 35
민주주의 94, 123, 173, 190
민주주의적 정치제도 81
밀(John Stuart Mill) 147

ㅂ

박규수(朴珪壽) 150
박식 110
박애(博愛) 96
박애주의 96
박정희 19
박제가(朴齊家) 46, 47
박종홍 17~19
박지원(朴趾源) 50
반(半)문명 149
반개(半開) 149
반세계화 68
반외세 48
반전(反戰) 98
반지배 48

방금사무(方今事務) 80
방금운화(方今運化) 61, 104, 134, 138
방술학(方術學) 137
배젓(Walter Bagehot) 147
백과전서적 135
백인 165
백인종 164, 165
백화(白話) 139
법제(法制) 32, 33, 57, 95, 135, 153
법치 100
베끼기 142~144
베끼기의 시대 182
베이컨(Francis Bacon) 170
변(變) 134
변방 91
변법자강론(變法自强論) 150~153, 155
변법적 급진개화파 180
변증법적 지양 50
병선(兵船) 33, 128
보편 67, 68, 189
보편성 16, 39, 40, 44, 50, 52~54, 78, 103, 104, 113, 149
보편적 59, 107
보편적 근거 30
보편적 우호의 조건 101

보편적 준적(準的) 104
보편주의 53
보편학문 104
복종 91, 92
부국강병 69, 180, 189, 190
부국강병적 근대화 153
부국강병적 근대화론 154
부귀운화(富貴運化) 138
부르주아 사상 19
부조적(浮彫的) 22, 121
북학(北學) 47
분열된 학문 104
불교 105, 107, 109, 132
불평등 강화조약 145
붕당 78, 103
붕당(朋黨)의 학문 96
비근대문명 100
비문명 149
비서구국가 100
비서구권의 근대화 182
비서구문명 163, 168
비서구지역 163
비판성 21
빙문(聘問) 34

ㅅ

사(私) 79, 114
사농공상(士農工商) 119, 121

사대부 118
사대부사회 80
사대적(事大的) 63
사대주(四大洲) 56, 57
사도(師道) 123
사무라이 계층 54
사물운화(事物運化) 138
사민(四民) 118, 121
사민평등(四民平等) 118, 121
사변성 41, 107, 128
사상행위(思想行爲) 30, 49, 140, 147, 156, 190
사선(私選) 79
사신분(士身分) 119~121
사욕(私欲) 114, 115
사유(私有) 158
사유재산 162
사유행위 51
사적 세계 118
사적 영역 116
사적(私的) 소유의 철폐 160
사적(私的) 자율성 117
사쿠마 쇼잔(佐久間象山) 150
사토 노부히로(佐藤信淵) 38
사학(史學) 137
사해동포 32, 56, 95, 162
사해일가(四海一家) 56, 95
사해일통 56

찾아보기

『사회 정태론』(Social Statics) 147
사회계급 162
사회과학 30
사회적 공공선(公共善) 115
사회적 다원주의 168, 171
사회적 평등 170
사회적·인민적 층위 29
사회진화론 164
삼권분립 100
삼기운화(三氣運化) 138
삼등운화(三等運化) 138
삼세설(三世說) 159, 170
상고주의(尙古主義) 61, 104, 133
상공업 115
상동(尙洞) 144
상동적(相同的) 183
상등운화(上等運化) 138
상생(相生) 97
상생상극(相生相剋) 42
상인(商人) 128
상품 34, 47
상품의 침략성 47
상호주체 92
상호주체성 33
새로움 134
색목(色目) 79

생산력의 제고(提高) 20
생태주의 84, 87, 88, 115, 187
서(西) 32, 43, 61, 102, 143, 152, 153, 178
서경덕(徐敬德) 106
서교(西敎) 107
서구 21, 154, 160, 163, 168, 176, 182
서구국가 100, 143
서구근대 21, 22, 83, 92, 136, 172, 183
서구근대과학 124
서구근대사상 83~85, 91, 172, 175
서구로부터의 임팩트 20
서구문명 163, 168
서구백인 167
서구열강 38, 149
서구의 근대 89
서구의 근대적 세계관 14
서구의 근대적 자연관 170
서구의 근대주체에 담지된 이중성 172
서구의 신문물 134
서구적 근대 18, 22, 23, 25, 186
서구적 근대주체 172
서구적 근대화 89, 181
서구주의 163

서구중심적 세계관 20
서구중심주의 169
서구화 154
서민운화(庶民運化) 138, 139
서양 16, 24, 30~33, 35, 36, 39~41, 43, 44, 47~49, 51~53, 55, 60, 65, 84, 113, 146, 149~151, 153, 178, 181
서양 베끼기 149, 153, 163
서양 전합 35
서양근대 21, 23, 35, 87
서양근대 베끼기 180
서양근대문화 151
서양근대사상 163
서양근대사회 35
『서양사정』(西洋事情) 145
서양의 근대적 주체 개념 183
서양의 임팩트 23
서양학(西洋學) 138
서위(徐渭) 117
서유럽 99, 185
서유럽 국가 142
서재필 180
서학(西學) 109, 132
서학서(西學書) 23
선(善) 77, 114~116
선거학(選擧學) 137
선언적(宣言的) 141

선인(選人) 79, 80
선험적 142
성경(聖經) 129
성경(盛京) 37
성리학 71, 72, 124, 138
성실학(誠實學) 137
성왕 158
성인(聖人) 53, 104, 129, 130~133, 170
성장 이데올로기 69
성정(性情) 131
성찰적 21
『성호사설』(星湖僿說) 135, 136
세계무역 57
세계사 60, 65
세계상 59
세계시민 95, 102
세계시민법 101
세계인민 29
세계일통지학(世界一統之學) 58
세계적 기준 57
세계주의 16, 55, 58, 59, 61, 63, 64, 67, 98, 102, 106, 113
세계지도 56
세계지학(世界之學) 58, 113
세계통합지교(世界統合之敎) 58

세계평화 98, 100, 101, 148
세계평화사상 98
세계평화론 99
세계화 16, 68, 70
세도정치 82
소강(小康) 158, 159
소이연(所以然) 107
소주제(小主題) 136, 141, 142
송상봉(宋翔鳳) 159
송학(宋學) 53
송현(松峴) 144
수리화(數理化) 109
수상록(隨想錄) 135
수신(修身) 71, 74~76
수학(數學) 137
순(舜) 129
『순수이성비판』 99
순환성 28
술법(術法) 75
스펜서(Herbert Spencer) 147, 164
습염(習染) 137
승순(承順) 29, 32, 71, 77, 90, 91, 94, 100, 114, 115, 123, 126, 131, 137, 168, 169, 186
승순기화(承順氣化) 139
『승순사무』(承順事務) 144, 179
승순운화(承順運化) 138

승심(勝心) 96
승평세(升平世) 159
시무적(時務的) 온건개화파 180
시민법 99
시민사회 99, 172
『시사신보』(時事新報) 146, 149
시속운화(時俗運化) 138
식민주의 60, 99, 164, 166, 168~170
식민주의자 149
식민지 35, 91, 182
식민지 조선 143, 183
식민지 지배 98
식민지화 182
신(神) 33, 81, 83, 84, 161
신(新) 134
신기(神氣) 28, 83, 137, 161
신기운화(神氣運化) 138, 139
『神氣通』 179
신미양요(辛未洋擾) 145, 177, 178
신앙 116
신유학(新儒學) 76, 132
신유한(申維翰) 66
신의 모상(模像) 83
신의 피조물 83
신지(神知) 81
신채호(申采浩) 182

찾아보기

신천지무형(神天之無形) 107
신판 화이론 169
실(實) 105, 188
실리주의 148
실무 77
실용 77, 107
실용문자 111
실용성 106
실용적 111, 117
실용주의 16, 47, 106, 110~113, 188
실용주의적 48
실용학 111
실용학문 110
실유(實有) 188
실제적 105
실증(實證) 108
실증적 14, 21
실학 49
심기운화(心氣運化) 138
심성론(心性論) 78
「심세편」(審勢篇) 50
19세기적 맥락 26

ㅇ

아구자재참호론(亞歐自在參互論) 143, 144
아사미 케이사이(淺見絅齋) 55
아시아 149, 154, 156
아이디얼리즘 16, 92, 94, 188, 189
아편전쟁 35, 36, 51, 65
악 114~116
안민교민(安民敎民) 123
압제 162
애국계몽기 182
야마자키 안사이(山崎闇齋) 54
야만 91, 149, 154, 162, 163, 166, 168, 169
야스퍼스 99
약강공생(弱强共生) 148
약육강식 148, 154, 166
약한 주체 174
양계초(梁啓超) 151, 159, 180
양명 좌파(陽明左派) 117
양명학파 56
양무운동(洋務運動) 150, 151
양심의 자유 116
양이(攘夷) 178
양이(洋夷) 31, 178
양혼양재(洋魂洋才) 151
양화(量化) 85, 108
어리숙함 51, 52
어양(禦洋) 178
『어양론』(禦洋論) 178
어양지책(禦洋之策) 177

어윤중(魚允中) 150
억압 109, 162, 172, 175, 183, 187, 189
언어 140
에도시대 사상사 54
『에세』(Essais) 136
여론 80
『여지산해전도』(輿地山海全圖) 23
역사적 근대 22, 24~26, 108, 162, 176, 181, 182, 186, 187
역사적 근대상 24
역사적인 근대성 109
역사주의적 맥락 27
역사주의적 태도의 빈곤 142
역사철학 99
역수학(曆數學) 137
연기(緣起) 관계 183
『열하일기』 50
영구평화 100, 101
영구평화론 99
『영국 헌정론』(The English Constitution) 147
영학(英學) 145
『영환지략』(瀛環志略) 51, 52, 62, 65, 146
예(禮) 158
예교(禮敎) 117, 131, 158

『예기』(禮記) 156, 159
예법 129
예악형정(禮樂刑政) 133
「예운」(禮運) 156, 158
예지자와 같은 어투 109
예지적(叡智的) 142
예학(禮學) 96, 97, 103
오랑캐 38, 62, 163, 167
오륜(五倫) 32, 77, 95, 126
오리엔탈리즘 149, 164
『오주연문장전산고』(五洲衍文長箋散稿) 51
오호츠크 37
온건개화파 150
왕도정치(王道政治) 82
외도(外道) 97
외도학(外道學) 137
외면성 118
외적 자연 85
외정론(外政論) 64
요(堯) 129
요소적 21, 85, 121
요순문무(堯舜文武) 54
『요시다 쇼인 전집』(吉田松陰全集) 38
요시다 쇼인(吉田松陰) 38
요평(廖平) 159
욕(欲) 188

욕망 86, 87, 115
용인(用人) 79
용인학(用人學) 137
우(禹) → 우임금
우맹(愚氓) 81
우생학 166
우임금 129, 158
우주운화(宇宙運化) 138, 139
우주인(宇宙人) 137
우주적·자연적 층위 29
우호 101
우호적 154
운동성 28
운화(運化) 27, 28, 30, 57, 58, 86, 108, 110, 138, 165, 187
운화공도(運化公道) 139
운화기(運化氣) 28, 75, 95, 100, 101, 104, 105, 108, 111, 114, 115, 119, 123~127, 130, 132, 137, 153, 171, 172
운화기의 주술성 126
운화대기(運化大氣) 139
운화승순(運化承順) 139
운화의 일통적(一統的) 체계 39
운화중물(運化中物) 86
울트라 침략주의 38
원굉도(袁宏道) 117
원기(元氣) 161

위(爲) 188
위생 163
위원(魏源) 31, 35, 150, 159
위정척사 178
위정척사론(衛正斥邪論) 150~152, 154
위정척사파 181, 182
유(有) 105, 107, 108, 112, 113, 187, 188
유교 129~131, 133, 154
유교의 종교화 132
유교적 가치 154
유교적 민본주의 81
유구(琉球) 37
유기적 29
유기체 93
유기체론 16, 84~89, 92
유럽 33
『유럽 문명사』(Histoire de la civilisation en Europe) 147
유럽인 91
유물론 20
유물론적 유기론 철학 19
유물변증법 20
유봉록(劉逢祿) 159
『유수록』(幽囚錄) 38
유연한 주체 174
유용성 106

찾아보기

유용지학(有用之學) 110
유위(有爲) 73
유의 사상 112, 113
유(有)의 학문 110
유학(儒學) 133
유행(流行) 73
유행지리(流行之理) 72, 73, 90
유형(有形) 41, 106, 106
유형성(有形性) 28
육륜(六倫) 95
윤치호 180
음양오행의 소거 42
의리 74, 75
의리지학(義理之學) 96, 97, 103
『의산문답』(毉山問答) 174
이건창(李建昌) 177
이규경(李圭景) 46, 47, 51
이기(利己) 158
이념으로서의 자연 100
이단(異端) 97, 105, 109
이덕무(李德懋) 47
이민안민(利民安民) 82
이상주의 53, 54, 59
이상주의적 184
이성 83, 85, 90~92, 186, 187
이성 규정 187
이성적 187
이식문학론(移植文學論) 143

21세기적 요청 26
이양선(異樣船) 178
이언진(李彦瑱) 117
이옥(李鈺) 117
이욕(利欲) 114, 115
이용휴(李用休) 117
이익(李瀷) 66, 135
이탁오(李卓吾) 117, 131
이학(理學) 71, 105, 107
이학인(理學人) 137
인·의·예·지(仁義禮智) 72, 77
인간의 자연화 85
인간중심주의 85, 92, 169
인간해방 175
인격신 84
인권 172
인기(人氣) 137
인기(人器) 137
인기운화(人氣運化) 138
인도(人道) 57, 71~74, 100, 119, 120, 126
인류사 91, 100
인류적 보편성 155
인륜 31, 95, 129, 133
인륜과 예법의 인격화 129
인륜성 152, 154
인륜예악 130
인문적 가치 16, 111

인문학 30, 111
인물기(人物氣) 137
인물기지운화(人物氣之運化) 138
인민운화(人民運化) 28, 138, 139
인민의 저항권 80
인민주권 93
인식행위 28
인욕(人欲) 115
인욕(人欲)의 긍정 115
인위 70~72, 74, 75, 77~80, 83~86, 93, 113
인위의 자연화 76
인위의 특수성 84
인위의 특수성에 대한 승인 75
인의지리(仁義之利) 86
인재등용 64, 119
『인정』(人政) 31, 39, 64, 65, 78, 135, 136, 141, 144, 177, 179
인종 170, 171
인종도태 165
인종적 차별 165
인종주의 164, 169
일국적(一國的) 관점 57
일국지학(一國之學) 58, 113
일기(一氣) 68, 90
일기운화(一氣運化) 28, 138,

139
일본 36, 38, 52, 55, 64~67, 69, 143~146, 151, 154, 155, 177, 180, 182, 188, 189
일본 사상사 15, 54
일본적 특수성 54
일부일처제 168
일신운화(一身運化) 28, 29, 39, 71, 78, 138
일원론 94, 113
일원주의(一元主義) 93
일인치(一人治) 82
일제 강점기 183
『일지록』(日知錄) 135, 136
일처다부제(一妻多夫制) 168
일통(一統) 31, 67, 94, 96
일통운화(一統運化) 138, 139
일통지치(一統之治) 82
임성주(任聖周) 106
임형택 17
임화(林和) 143
입헌군주제 190

ㅈ

자국중심주의 148
자기소외 173
자기완결성 127
자기운화(自己運化) 138

자기중심성 169, 171, 174, 183
자기중심적 92
자기중심주의 54, 169
자본제적 운용원리 35
자본주의 20, 68, 188
자본주의의 맹아 14
자생적 근대화론 19
자연 16, 70~75, 77, 82~87, 90 ~95, 101, 113, 169, 175, 186
자연과 당연의 분리 74
자연과 이성의 관계설정 90
자연과 인위의 도덕적 통일 76
자연과 인위의 분리 75, 82
자연과 인위의 연속성 75
자연과 인위의 연속적인 관계 84
자연과학 20, 30, 33
자연관 187
「자연당연」(自然當然) 74
자연법(自然法) 83
자연상태 100, 101
자연에 대한 지배 85
자연의 목적론적 구조 100
자연의 숨겨진 의도 100
자연의 인위화 76
자연적 187
자연지배 169
자연친화적 92

자연파괴 175
자유 162, 170, 172
『자유론』(*On Liberty*) 147
자유의 개념 116
자유지리(自由之理) 172
자족성 128
자주 48, 182
자주독립 148
자주성 54, 63
자주의식 55
자주지권(自主之權) 172
잡기류(雜記類) 형식 136
잡기만록적(雜記漫錄的) 글쓰기 136
잡술(雜術) 97
장재(張載) 106
장존여(莊存與) 159
재도론(載道論) 118
재화(財貨)의 추구 115
저항권 93
저항적 주체 182
저항적 주체 개념 183
적자생존 166
전근대적 사유 24
전례학(典禮學) 137
전민운화(全民運化) 28
전쟁 100, 101
전제(專制) 162

찾아보기

전체주의 190
전함(戰艦) 37
절충(折中) 167
정(靜) 188
정교(政敎) 32, 33, 57, 58, 74, 75, 95, 153, 165, 168
정교운화(政敎運化) 138
정교학(政敎學) 137
정기원(鄭岐源) 145, 177
정성철 19
정술학(政術學) 137
정신성(精神性) 106
정약용 16, 23
정언적(定言的) 142
정욕(情欲) 131
정체성 60
정치 74~80, 93, 103, 110, 122~124, 135
정치경제적 35
정치경제학적 47
정치의 주체 81
정치의 특수성 79
정치적 관용 97
정치적 리얼리즘 155
정치제도 79
정치학 59, 64, 77~82, 155, 179
정치행위 79~82, 93
정학(政學) 137

정한론(征韓論) 67
정현(鄭玄) 158
제국주의 60, 168
제3세계의 근대화 182
제어(制御) 109
조경(肇慶) 23
조공(朝貢) 37, 62, 63
조국근대화 19
조동일 13
조민유화(兆民有和) 95, 102
조선 사상사 45, 53
조선성리학 114
조선적 주체성 50
조선주자학 96
『조선철학사』 19
조화(調和) 92, 97
존재 근거로서의 자연 83, 186
존재구속성 21
존재로서의 자연 83, 186
주객체의 조화 172
주거학(舟車學) 137
주공(周公) 129, 158
주권 162, 172
주물(主物) 174
주변 46, 49
주소(注疏) 133
주소학(注疏學) 133
주아(主我) 174

주아지병(主我之病) 171
주자(朱子) 55, 77
주자성리학 → 주자학
주자학 41, 54, 71, 72, 74, 75, 77, 84~87, 96, 124
주자학적 패러다임 76
주체 85, 91, 117, 172~175, 182, 189
주체 개념 174, 176, 182
주체성 16, 48, 54, 61, 62
주체의 사상 175
주체적 44, 45, 70, 98
주체적 선택 68
「주해총론」(籌海總論) 35
「주해편」(籌海篇) 35, 65
준적 105
중세적 14, 24, 88
중심 49, 50, 91
중인서얼 45
중정(中正)의 도 115
중주제(中主題) 136
중체서용론(中體西用論) 150, 152
중화(中華) 163
중화적 질서 54
중화주의 56, 63, 163, 167
증국번(曾國藩) 150
『지구전요』(地毬典要) 31, 62,

65, 66, 144
지기(知氣) 161
지기운화(地氣運化) 138
지리상의 발견 51
지리학(地理學) 137
지방자치제 123
지배 16, 83, 91, 92, 148, 172
지식인 지형도(地形圖) 49
지지학(地志學) 137
지치(至治) 53
직관적 사유 14
진리의 범주적 절대성 109
진보 146, 149, 162, 167
진화 166
진화론 166
징심구세(澄心救世) 109

ㅊ

차별 91, 166, 170, 171, 175, 183
척화소(斥和疏) 177
천(天) 77, 79, 81, 84, 90, 130, 187, 190
천경(天經) 130
천기운화(天氣運化) 138
천도(天道) 71, 73, 74
천리(天理) 86, 114, 115
천문학(天文學) 137
천방학(天方學) 138

천부인권 162, 170
천부인권설 173
천심(天心) 81
천인(天人) 30, 84
천인관(天人觀) 72
천인기화(天人氣化) 138
천인운화(天人運化) 29, 84, 126, 138, 139
「천인유분」(天人有分) 73
천인합일 126
천주교 97, 105
천주교에 대한 대결의식 107
천지기지운화(天地氣之運化) 138
천지운화(天地運化) 28, 29, 138, 139
천하 56
천하인민 56, 95
천하지민(天下之民) 29
천하태평지술(天下泰平之術) 94
천황 38, 66, 67
철학적 글쓰기 140
청일전쟁 146, 151
체계 40, 84, 127
최병대(崔柄大) 177
최익현(崔益鉉) 151
최제우(崔濟遇) 48

「최한기의 경험주의」 17
「최한기의 유기론(唯氣論)」 19
최한기의 인식론 72
추측(推測) 72, 73, 90, 137
『추측록』(推測錄) 73, 74, 135, 136, 141, 179
추측지리(推測之理) 72, 73, 90, 137
축첩제 168
『춘추』 159
『춘추곡량전』 159
『춘추공양전』 159
춘추대의(春秋大義) 54
『춘추좌전』 159
췌마학(揣摩學) 138
취사(取捨) 32, 57, 143, 167
치국(治國) 71, 74, 75
치민안민(治民安民) 32, 57, 76, 79, 80, 94, 100, 103, 119, 120, 137, 153, 168
치안(治安) → 치민안민(治民安民)
친서양적 47
친일(親日) 181
침략 54, 148, 155, 167, 178, 187

ㅋ

칸트 98~101

찾아보기

캄차카 37
크리스트교 33, 102

ㅌ

타인운화(他人運化) 138
타자 91, 148, 155, 173, 187, 189
탈경전주의 130, 132
탈근대 16, 89
탈아입구론(脫亞入歐論) 143
탕(湯) → 탕임금
탕임금 129, 158
탕현조(湯顯祖) 117
태서신서(泰西新書) 20
태평세(太平世) 159
태평양전쟁 38
태평천국의 난 150
태허(太虛) 106
토미즘(Thomism) 85
토크빌(Alexis de Tocqueville) 146
통(通) 83, 186, 187
통념상의 근대 23
통념적 근대 23, 24, 26
통념적 근대상 24
통달운화(通達運化) 138
통민운화(統民運化) 28, 29, 32, 34, 39, 71, 76, 79, 86, 120, 138, 139, 168

통민운화의 특수성 78
통솔운화(統率運化) 138
통신사행(通信使行) 66
통위일가(通爲一家) 56
통일 92, 93, 103, 104, 108, 113
통일적 원리 30
통일학문 103
통중운화(統衆運化) 138, 139
특수성 16, 44, 45, 74, 78, 82, 85, 90

ㅍ

파스칼 136
파토스 56, 102
『팡세』(Pensées) 136
페리 제독 145
편재성(遍在性) 28
평등 24, 57, 160, 162, 170, 171
평등박애 158
평등사상 121
평등한 주체 175
평천하(平天下) 71
평화 16, 92, 95, 98, 100, 101, 148, 154, 162, 175, 176
평화주의 94, 96~99, 113, 187
포스트모더니즘 175
폭력 172, 173
폭력성 183

폭력적 186
표준 103, 105, 108, 109, 111, 130, 171
프리덤(freedom) 116
필리핀 38

ㅎ

하등운화(下等運化) 138
하야시 시헤이(林子平) 36
하층양반 45, 46
학문방법론 16
『학문을 권함』 145
학문의 통일 104, 113
학문정치 123
학문행위 53, 102~104, 113
학서(學西) 31, 40
한국 사상사 102, 126, 189
한역서학서(漢譯西學書) 20
『해국도지』(海國圖志) 31, 35, 50~52, 62, 65, 146, 150
『해국병담』(海國兵談) 36
해방(海防) 50
해방론(海防論) 36
해외개방 177
해외무역 46
『해유록』(海游錄) 66
향로(鄕老) 122
향신(鄕紳) 122

『향약추인』(鄕約抽人) 122, 123, 179
향직(鄕職) 122
향촌사회 개혁 122
허(虛) 105, 107, 188
허균(許筠) 117
허무(虛無) 188
혁명권 93
현실주의 54, 59, 148
현실주의적 184
현준(賢俊) 58
형률학(刑律學) 137
혜강 17
「혜강최공전」(惠岡崔公傳) 177
호혜적 24

「혼동대론」(混同大論) 38
『혼동비책』(混同秘策) 38
홋카이도 37
홍대용(洪大容) 16, 23, 50, 97, 109, 110, 174, 176
홍모국(紅毛國) 165
화(和) 42, 95, 100
화이론(華夷論) 31, 62, 168, 169
화호(和好) 34, 57, 94, 102, 178, 179, 190
화혼양재 151
화혼양재론(和魂洋才論) 150~152
환경모순 68
환원 109

활동운화(活動運化) 139
황국(皇國) 36
황인종 165
회교 138
회통(會通) 44
획일화 108
후쿠자와 → 후쿠자와 유키치(福澤諭吉)
후쿠자와 유키치(福澤諭吉) 143 ~149, 151, 154, 155, 189
휘턴(Henry Wheaton) 146
흑인 165
흑인종 164, 165
흰색 컴플렉스 164

덧붙이는 말

최한기는 여러 각도에서 논의될 수 있는 사상가다. 나는 이 책에서 주로 그의 사회사상과 정치학을 중심으로 사상사적 음미를 시도해 보았다. 최한기에 대한 전기적 사실, 최한기의 학문과 서구 자연과학의 관련, 최한기의 인식론 등에 대해서는 이미 적잖은 연구가 이루어져 비교적 자세히 밝혀져 있는 편이므로, 나는 그런 부분에 대한 논의는 일부러 비켜갔다. 그러므로 그런 점에 대해 알고자 하는 분들은 다른 연구자들의 업적을 참조하기 바란다.

나는 이즈음 심오한 생각도 못 되면서 긴 책을 쓰는 것은 여러모로 미안한 일이라 여겨오고 있는 터라, 가능한 한 지면을 아껴 꼭 해야 될 말만 간요하게 하려고 노력하였다. 그 결과 이 책은 그 형식과 체재가 일반 학술서와 달라졌음은 물론, 번쇄한 논증이나 인용을 피하면서 이른바 '직지인심'(直指人心)에 가까운 서술이 되지 않았나 생각된다. 혹 더 세밀히 따지고 논증해야 할 점이 있다면 차후 본격적 논문 형식의 글쓰기를 통해 보완하고 싶다.

거듭 말하거니와 이 책은 최한기의 전부에 대해 말하고 있지 않다. 나는 그저 내가 관심을 갖고 있고, 또 내가 중요하다고 생각하는 어떤 사안들에 대해서만 간단히 논의했을 따름이다. 뿐만 아니라 나는 이 책에서 기왕에 논의된 사항들이나 충분히 밝혀져 있는 사실이나 재론할 필요가 없다고 판단되는 주제들에 대해서는 대체로 건너뛰는 방식을 취하였다. 나는 최한기에 대한 기존의 중요한 연구들을 참조하지 않은 것은 아니지만, 기존의 연구시각과는 다른 연구시각, 기존의 문제설정(Problematik)과는 다른 문제설정을 꾀하고자 했다. 이 점에서 이 책의 의제(議題) 중에는 기존의 최한기 연구에서 제대로, 혹은 전혀, 다루지 않은 것들이 적지 않다.

독자에 대한 작은 배려에서 사족 같지만 이 글을 덧붙인다.

2003년 8월 5일